AF204225

FELICIA ENGLMANN

TERENCE HILL

Bibliografische Information der Deutschen Nationalbibliothek

Die Deutsche Nationalbibliothek verzeichnet diese Publikation in der Deutschen Nationalbibliografie. Detaillierte bibliografische Daten sind im Internet über http://dnb.d-nb.de abrufbar.

Für Fragen und Anregungen

info@rivaverlag.de

Originalausgabe
1. Auflage 2019
© 2019 by riva Verlag, ein Imprint der Münchner Verlagsgruppe GmbH
Nymphenburger Straße 86
D-80636 München
Tel.: 089 651285-0
Fax: 089 652096

Redaktion: Claudie Fregiehn
Umschlaggestaltung: Isabella Dorsch
Umschlagabbildung: imago images/ZUMA Press
Satz: Carsten Klein, Torgau
Druck: Graspo CZ, Tschechische Republik
Printed in the EU

ISBN Print 978-3-7423-1086-6
ISBN E-Book (PDF) 978-3-7453-0735-1
ISBN E-Book (EPUB, Mobi) 978-3-7453-0736-8

Weitere Informationen zum Verlag finden Sie unter

www.rivaverlag.de

Beachten Sie auch unsere weiteren Verlage unter www.m-vg.de

Inhalt

Einleitung

Terence Hill wird als Mario Girotti am 29. März 1939 in Venedig geboren. Seine Mutter ist die deutsche Künstlerin Hildegard Thieme, sein Vater der italienische Chemiker Girolamo Girotti. Die Eltern haben sich auf einer Zugfahrt in die Schweiz kennengelernt. Mario ist der mittlere von drei Brüdern. 1943 zieht die Familie nach Lommatzsch in Sachsen. Nach Kriegsende gehen die Girottis zurück nach Italien. Terence Hill sagt, er habe bis zum Alter von sechs Jahren nur Deutsch gesprochen.

Im Alter von zwölf Jahren spielt Mario Girotti seine erste Filmrolle; für die Rolle wurde er einerseits im Schwimmverein entdeckt, andererseits hatte ihn seine Mutter zugleich zum Casting angemeldet. Als junger Mann spielt er den Frauenschwarm in Liebesromanzen, Sandalen- und Heimatfilmen. Viel Beachtung findet er 1963 als Graf Cavriaghi an der Seite von Alain Delon und Burt Lancaster in Luchino Viscontis *Der Leopard*. Sein Glücksjahr wird 1967: Er lernt seine Frau Lori kennen und heiratet sie. Zudem dreht er seinen ersten Film mit Bud Spencer: *Gott vergibt … Django nie!*. Für diesen Film nimmt er seinen Künstlernamen Terence Hill an.

1969 kommt Sohn Jess zur Welt, 1973 adoptierte die Familie ein Kind aus Bayern, Ross. Die Familie wohnt in Stockbridge im US-amerikanischen Bundesstaat Massachusetts und besitzt ein Anwesen im umbrischen Ort Amelia.

Im Duo Spencer/Hill dreht er zusammen mit seinem Schauspielkollegen Bud Spencer bis 1994 siebzehn Filme und schreibt damit Filmgeschichte. Ein achtzehnter Film, in dem beide spielten, *Hannibal*, ist bereits 1959 entstanden, aber darin hatten die beiden keine gemeinsame Szene. Spencer und Hill sind die prägenden Köpfe des italienischen Westerngenres, auch »Spaghettiwestern« genannt und vor allem der Westernparodie. Neben Henry Fonda spielt Hill in *Mein Name ist Nobody* seine vermutlich berühmteste Filmrolle. In einigen Filmen führt er auch Regie, manche Drehbücher seiner Filme stammen von ihm, seiner Frau Lori oder von seinem Sohn Jess. 1990 stirbt Sohn Ross, der sich zu dem Zeitpunkt auf die Rolle des Billy the Kid im Film *Lucky Luke* vorbereitete, bei einem Autounfall. Terence Hill stürzt in eine schwere Lebenskrise.

Seit 2000 spielt Hill die Hauptrolle eines Pfarrers in der italienischen TV-Serie *Don Matteo*. Drei Staffeln lang gibt er einen Oberförster in *Die Bergpolizei – Ganz nah am Himmel*. Seinen jüngsten Kino-Erfolg feiert er 2018 mit dem Roadmovie *Mein Name ist Somebody – Zwei Fäuste kehren zurück*.

Trotz seines umfangreichen Werks, seiner Beliebtheit und seines kommerziellen Erfolgs hat Terence Hill nur wenige Preise gewonnen. Darunter sind ein Bambi, diverse Bravo-Ottos und 2010 für sein Lebenswerk der David di Donatello, der wichtigste Filmpreis Italiens. Hill ist Ehrenbürger von Lommatzsch (Deutschland) und Gubbio (Italien).

Außerhalb seiner Heimat Italien hat Terence Hill seine meisten, engagiertesten und treuesten Fans in Ungarn und Deutschland. Sie organisieren Fantreffen und befüllen Onlinedatenbanken mit allem, was sie über Terence finden können – und viele von ihnen können vermutlich doppelt so viele Terence-Anekdoten auswendig erzählen, wie in diesem Buch Platz haben.

Amerikanischer Name mit einer Prise Sächsisch

Terence Hill – ein Name, der ganz nach US-amerikanischem Filmstar klingt. Fans wissen natürlich, dass ihr Lieblingsschauspieler in Wirklichkeit Mario Girotti heißt und Italiener ist. Dass er aber eigentlich auch Sachse ist – das wissen nur wirklich eingefleischte Fans. Terence Hill hat ein paar Jahre seiner Kindheit im sächsischen Lommatzsch bei Dresden verbracht. Von dort stammt seine Mutter Hildegard, dort lebten auch die Großeltern. Seine Mutter studierte in Dresden Kunst, der italienische Vater arbeitete als Chemiker. 1943 zog die fünfköpfige Familie von Venedig nach Sachsen, 1945 zurück nach Italien. Nach den Luftangriffen der Alliierten auf Dresden Ende 1944 und Anfang 1945 wollte sich die Familie in Sicherheit bringen und zog wieder nach Italien. Wegen seiner sächsischen Familienbande und der kurzen Zeit, die er als Kind in Deutschland verbrachte, betont Terence Hill heute immer wieder: »Ich kann sagen, dass ich auch ein Sachse bin.« Wenn er Deutsch spricht, sächselt er allerdings nicht.

Lust auf Schule

Mario Girotti will schon im Alter von fünf Jahren zur Schule gehen. Er kann kaum aufhören, seine Eltern deswegen anzubetteln. Dabei geht es ihm aber nicht ums Lernen. Der kleine Mario möchte nur unbedingt eine Schultüte haben, die unter anderem in der Gegend um Dresden »Zuckertüten« heißen und mit Süßigkeiten gefüllt werden. Die hat er bei den Erstklässlern im sächsischen Lommatzsch gesehen und herausgefunden, dass man so eine wunderbare Tüte nur bekommt, wenn man zur Schule geht. Also muss er da auch dringend hin – um so eine Tüte abzustauben.

Die prall mit Süßem gefüllte Tüte bleibt in den entbehrungsreichen Kriegsjahren allerdings ein Kleinjungentraum. Eingeschult wird der kleine Mario Girotti erst nach der Flucht der Familie nach Italien in Amelia in Umbrien. Ob es dort auch Zuckertüten gab und welche Leckereien darin steckten, ist nicht überliefert.

Mario, parlo Italiano?

Als die Familie Girotti 1945 mit ihren drei Söhnen von Sachsen wieder nach Italien zieht, spricht Mario kaum Italienisch. Bis er sechs Jahre alt ist, hatte Mario nämlich nur Deutsch gesprochen. Das erzählt er bei vielen Gelegenheiten. Wieder in Italien muss Mario erst einmal richtig Italienisch lernen, um neue Freunde zu finden. In der Schule in der umbrischen Stadt Amelia wird der Erstklässler gemobbt. »Tedesaccio« rufen ihn die Kinder, »mieser Deutscher«. Dafür gibt's von Mario auch mal eins auf die Nase, die dann blutet. Sein Vater hat seine ganz eigene Sprachlehrmethode, wie Terence Hill später erzählt. Der Vater habe nämlich versucht, ihm Italienisch beizubringen, indem er ihm »immer wieder aus einem Buch über den heiligen Franziskus vorlas«, so erzählt Mario. Irgendwann ist das Sprachelernen geschafft und er findet vor allem beim Sport neue Freunde – unter anderem beim Schwimmen, Geräteturnen und Reiten.

Die erste Filmprügelei
und eine folgenreiche Begegnung

Terence Hill legt sich mit einem Gegner an, der größer ist und mehr wiegt als er selbst. Erst gibt es Streit, dann fliegen die Fäuste, am Ende liegt der Gegner am Boden und muss widerwillig zugeben, dass Terence Hill der Boss ist. Hill sagt: »Das gefällt mir.« Dies ist der Beginn einer wunderbaren Filmkarriere: Als diese Szene gedreht wird, heißt Terence noch Mario Girotti und ist zwölf Jahre alt. Sie stammt aus seinem ersten Film *Vacanze col Gangster* von 1952 (deutscher Titel: *Das große Ferienabenteuer*). In dieser italienischen Produktion spielt er das erste Mal überhaupt in einem Film mit und auch noch gleich die Hauptrolle. Es geht um eine Clique von Jungen, die in ihren Sommerferien einen unschuldig Inhaftierten aus dem Gefängnis befreien wollen. Mario Girotti spielt den Anführer Gianni. Ein Assistent von Regisseur Dino Risi sah Mario bei einem Schwimmwettbewerb und ermutigte dessen Mutter, mit ihrem Sohn zum Casting zu kommen. Am Ende der ersten Prügelei stehen die beiden Jungen übrigens auf, geben sich die Hand und sind wieder gute Freunde.

Nicht nur für Jungschauspieler Mario haben die Dreharbeiten eine zukunftsweisende Bedeutung, sondern gewissermaßen auch für den zehn Jahre älteren Schwimmsportler Carlo Pedersoli, später bekannt als Bud Spencer. Der ist zwar in *Das große Ferienabenteuer* noch nicht als Schauspieler dabei, aber besucht »das erste Filmset, auf das ich je einen Fuß setzte«, wie er in seiner Autobiografie berichtet. Er erinnert sich, er habe in diesem Film nicht mitgespielt, habe aber mehrere Freunde am Set gehabt. Der einzige, an den er sich von diesem Set so richtig erinnere, sei »ein deutsch-italienischer Schauspieler mit blonden Haaren und blauen Augen« – Mario Girotti.

Bewunderung am Beckenrand

Terence Hills früheste Erinnerung an Bud Spencer entstand beim Schwimmen. Der junge Mario Girotti (später Terence Hill) war Leistungsschwimmer beim Verein S.S. Lazio Rom. Er gewann als Zwölfjähriger eine Medaille bei den italienischen Jugendmeisterschaften. Beim selben Verein trainierte auch Carlo Pedersoli, der spätere Bud Spencer. Der war in den 50er-Jahren ein erfolgreicher Leistungsschwimmer und nahm für Italien sogar zwei Mal an den Olympischen Spielen teil. Der zehn Jahre jüngere Mario bewunderte den bereits sehr erfolgreichen Carlo: »Er war jemand, der unerreichbar schien.« Die Jüngeren beobachteten ihn zwar beim Training, wurden aber nie zu ihrem Idol vorgelassen und durften ihm auch nicht die Hand schütteln. Bud Spencer blickt zurück: Terence habe ihm erzählt, dass er als Kind immer ins Schwimmbad gegangen sei, um seinen Idolen beim Training zuzuschauen. »Wir hatten aber damals nie die Chance uns zu treffen«, denn erstens war er zu dieser Zeit noch ein Kind und zweitens sei Carlos Training aufgrund seiner Faulheit immer sehr schnell vorbei gewesen. Terence Hill bestätigt das: Er habe ihn oft beim Training getroffen. »Aber ich muss schon sagen, dass er sehr faul war.« Er erzählt weiter, Carlo sei einfach ins Wasser gesprungen und habe ein wenig herumgeplantscht. Terence ist sicher, dass sein Freund bei Olympia die Goldmedaille gewonnen hätte, »wenn er mehr trainiert hätte«.

Aneinander vorbeigedreht

Der erste gemeinsame Film von Terence Hill und Bud Spencer ist das Geschichtsabenteuer *Hannibal* von 1959. In dem aufwendig gedrehten Sandalenstreifen werden sie im Vorspann noch mit ihren bürgerlichen Namen Carlo Pedersoli und Mario Girotti aufgeführt. Beide sind in dem Film in Nebenrollen zu sehen – Bud Spencer als ein Stammesführer einer italienischen Halbinsel, der einmal kurz mit Hannibal verhandelt; Terence Hill immerhin in einer etwas wichtigeren Rolle als glückloser Römer Quintilius, der sich unglücklich in Hannibals Zukünftige verliebt und in einer Schlacht gegen den Feldherrn stirbt. Persönlich begegnet ist sich das spätere Traumpaar am Set von *Hannibal* allerdings nicht. Sie sind weder in einer gemeinsamen Szene zu sehen, noch hatten sie gemeinsame Drehtage. Das erste Treffen an einem Filmset ist erst acht Jahre später, beim Dreh von *Gott vergibt … Django nie!* Bud Spencer schreibt, sie hätten sich »ernsthaft Sorgen um dessen geistige Gesundheit gemacht«, hätte ihnen jemand beim Dreh von *Hannibal* gesagt, dass sie zwanzig Jahre später als Duo ihren Durchbruch haben sollten.

Ausgerutscht

Die sächsische Stadt Lommatzsch, in der Terence Hill als Kind einige Jahre lebte, eröffnete ihm zu Ehren im Jahr 1988 das Terence-Hill-Freibad. Der Schauspieler spendete dafür eine Wasserrutsche. Das Freibad hatte es schon vorher gegeben, es hatte nur einen neuen Namen bekommen und war etwas aufgemöbelt worden. 2010 allerdings musste das Bad schließen – zu teuer, vor allem eine neue Sanierung. Ein typisches Schicksal in kleinen Kommunen, in denen die Kämmerer oft jeden Cent umdrehen müssen. Es hat sich zwar ein Badverein gegründet, Investoren wurden aber bisher nicht gefunden. Die Stadt erwägt nun, an der Stelle einen Bürgerpark zu errichten. Mal sehen, ob Terence Hill darin auch in irgendeiner Form Beachtung findet.

Lampenfieber

So cool und locker die Filmfiguren, die Terence Hill spielt, auch sind, er selbst ist beim Dreh alles andere als cool und entspannt. Sein Sohn Jess verriet dem Sender Kabel 1, dass sein Vater beim Dreh bis heute immer nervös ist und Lampenfieber hat. Zu Beginn seiner Karriere musste er sich sogar oft vor Aufregung übergeben. Er mochte das Schauspielern anfangs eigentlich gar nicht. Dass Mario Girotti sehr scheu ist und sich meistens im Abseits aufhält, fiel auch den Kollegen an den Sets der Karl-May-Filme auf. Pierre Brice erinnert sich, ihm sei vor allem aufgefallen, dass er ein sehr, sehr liebenswerter, aber zugleich auch wahnsinnig schüchterner Mann gewesen sei. »Meistens stand er in einem gewissen Abstand zum großen Geschehen.« Das Schauspielern bereitet ihm trotzdem große Freude und so gibt er nach dem Film *Der Leopard* sein Studium auf und konzentriert sich auf seine Filmkarriere. Aus Schüchternheit wird Zurückhaltung, aus Lampenfieber Anspannung – aber beides ist Terence Hill bis heute geblieben.

Der heraufschauende Himmelhund

Terence Hills Vater Girolamo »Momo« Girotti war Chemiker. Zu einem bekannten Kopf wurde er aber nicht in wissenschaftlichen Kreisen, sondern beim Yoga. Man schätzt ihn als Yogapionier Italiens, da er zu den ersten gehörte, die diese sportlichen Übungen verbunden mit der entsprechenden Lebenspraxis in Italien ausübten und beliebt machten. Girolamo Girotti, im Jahr 1900 geboren, praktizierte schon als junger Mann Yoga. Als einer der ersten eröffnete er ein Yogastudio in Italien, unterrichtete dort und bezog seine Familie mit ein. Yoga begleitet Terence Hill sein ganzes Leben lang. Die Übungen halten ihn fit und beweglich und helfen ihm unter anderem vor anstrengenden Drehs, sich körperlich aufzuwärmen und seinen Geist zu schärfen. Ob er insgeheim Yogaposen wie den »heraufschauenden Himmelhund«, die »vierfäustige Kobra« oder die »rechte und die linke Hand der Heuschrecke« übt, ist nicht bekannt. Vielleicht hält er sich aber auch ganz klassisch an Sonnengruß, Krieger und Co.

Auf der Alm, da gibt's koa Sünd …

Heimatfilme – neben Sandalenfilmen und Western sind auch sie so ein Erfolgsgenre der 60er-Jahre. Kein Wunder, dass Mario Girotti einen Ausflug in den Heimatfilm wagt. Mit der österreichischen Produktion *Ruf der Wälder* geht es für ihn in die Hohen Tauern oberhalb von Kaprun. Hauptdarsteller war Hans-Jürgen Bäumler, ehemaliger Eiskunstläufer, Olympiamedaillengewinner und Publikumsliebling. Hans-Jürgens und Marios Figuren konkurrieren um die Liebe der Bankangestellten Angelika, gespielt von der Wienerin Johanna Matz. Bäumler erinnert sich an das Knistern: Die beiden hätten das sehr geschickt vor den anderen versteckt. Aber »zwischen ihnen – da war was, und zwar von Anfang an«. Mario habe sich zwar allgemein sehr akribisch vorbereitet, »aber mit der Hanna […] hat er sich besonders intensiv vorbereitet«, und zwar viel mehr, als die Rolle erfordert habe. Er berichtet, dass es während der Dreharbeiten ein extrem heftiges Unwetter gegeben habe, bei dem Teile des Dachs von ihrer Pension heruntergerissen wurden. So schnell, wie Mario zu Hanna hochgeschossen sei, »konnte man gar nicht gucken«.

Tapferer Ritter

Als Ritter Giselher in *Die Nibelungen* hat Mario Girotti beim Dreh im ehemaligen Jugoslawien nicht allzu viel zu tun. Umso mehr freut es ihn, dass es bei dem Ritterfilm jede Menge Reiter gibt, denn Reiten ist seit seiner Jugend sein Hobby und macht ihn richtig glücklich. Die Filmpferde für *Die Nibelungen* kamen von den jugoslawischen Streitkräften. Jeden Morgen mussten sie »mehrere hundert Pferde in einem einstündigen Ritt zum Drehort bringen«, erzählt der Schauspieler in einer italienischen Talkshow. An den Dreh einer Szene zurückblickend, in der ein großer Angriff stattfand, erinnert er sich, dass »niemand mehr in der Lage war, die Pferde zu bremsen«. Mario Girotti nutzt seine ausgedehnten Drehpausen trotzdem gerne, um auf den Armeepferden zu reiten und damit zumindest hinter der Kamera den ganzen Tag Ritter zu sein.

Obwohl er ein erfahrener Reiter ist, lassen sich die Pferde bei Dreharbeiten nicht immer komplett im Zaum halten. Wie etwa im Sommer 2014 bei den Dreharbeiten zu *Die Bergpolizei* in Südtirol. Als Hills Filmpferd einen rot gekleideten Schauspieler erblickt, geht es durch und wirft den Reiter ab. Dabei tritt es ihm ans Bein, wobei sich Hill einen Knochen anbricht. Die Dreharbeiten müssen fünf Tage ruhen. Das Pferd wird gefeuert. Und Hill bekam einen ruhigeren Artgenossen gestellt.

Knallbonbon

Sein erstes *Bravo*-Titelbild und damit den offiziellen Beleg dafür, bei Teenies ein Star zu sein, hatte Mario Girotti im August 1965. Er liegt auf einer Wiese und blickt verträumt in die Kamera. Im Oktober 1966 brachte die Jugendzeitschrift ein fast seitenfüllendes Porträtfoto, auf dem Marios blaue Augen mit einem blauen Hintergrund um die Wette strahlen. Mit einem Colt in der rechten und einem für die damalige Zeit futuristischen Telefonhörer in der linken Hand posierte Mario 1966 für die »Hörertelefon«-Aktion der *Bravo*, eine Homestory erschien ebenfalls. Im Jahresrückblick nennt die *Bravo* Mario Girotti ein »Knallbonbon 1966« und zeigt ihn mit bis zur Taille aufgeknöpftem Hemd – ein Bild, das am Rande der Dreharbeiten zu *Der Ölprinz* entstand. Weitere Knallbonbons der Bravo sind Winnetou-Darsteller Pierre Brice, Schlagersänger Roy Black, Schauspielerin Uschi Glas und Beat-Musiker Achim Reichel. Dem Knallbonbon Mario wurde allerdings in dem Artikel attestiert, privat »lange nicht so angriffslustig« zu sein wie in seinen Filmen.

Der Blauäugige mit dem schwarzen Hut

Die Rolle des Cat Stevens in *Gott vergibt … Django nie!* sollte eigentlich der Südtiroler Peter Martell (1938-2010) spielen. Der aber war kurzfristig verhindert. In einem Streit mit seiner Partnerin trat er nach dieser, traf nicht sie, sondern die Wand und brach sich den Fuß. Die Rolle geht kurzfristig an Mario Girotti, denn *Django*-Produzent Manolo Bolognini hat ihn aus der gemeinsamen Produktion *Blaue Bohnen für ein Hallelujah* in guter Erinnerung. In einem Interview verrät Terence Hill später, nach welchen Kriterien er, abgesehen von der Sympathie, noch ausgesucht wurde. Bolognini soll zu Regisseur Colizzi gesagt haben: »Schau mal, ich habe den hier. Der hat blaue Augen.« Und er zählt noch einen weiteren Vorteil auf: Wenn man ihm einen schwarzen Hut aufsetze, sähe er aus wie Franco Nero. Franco ist zu der Zeit der gefragteste italienische Westerndarsteller und hat mit *Django* 1966 einen Welterfolg gefeiert. Mario bekommt die Rolle.

Zwei sind nicht zu bremsen – bleiben aber gern unerkannt

Mario Girottis deutsche Cousine Sybille verliebt sich bei einem Verwandtenbesuch in Marios jüngeren Bruder Piero. Sie zieht zu ihm nach Rom. Ihre Mitbewohnerin wird die Deutsch-Amerikanerin Lori, eine Dolmetscherin. Sie ist eine Bekannte von Piero. Einmal lädt Sybille zu einem Abendessen ein – dabei lernen sich Mario und Lori kennen. »Es war Liebe auf den ersten Blick«, erinnert sich Sybille. Lori beginnt, mit Mario die englischen Texte für seinen nächsten Film *Gott vergibt ... Django nie!* einzustudieren. Sie reist als Dialogtrainerin eine Woche später mit ans Set nach Almería in Spanien. Zwei Monate später, nach dem Ende der Dreharbeiten, heiraten die beiden. So schnell? Terence Hill sagt dazu: »Was man eigentlich nicht tut.« Es sei ein Experiment gewesen, das gut gegangen ist. Das alles geschah im Jahr 1967 – 2017 feierten die beiden ihre Goldene Hochzeit. Cousine Sybille ist allerdings schon seit 1973 wieder von Piero getrennt.

Seit der Hochzeit aber meidet Terence Hills Ehefrau konsequent die Öffentlichkeit und begleitet ihren Mann so gut wie nie auf Termine. Gemeinsame Fotos sind eine absolute Rarität. Eines dieser seltenen Bilder zeigt Lori, Terence und Sohn Jess als Baby an einer baumreichen Promenade im Herbst 1970. Terence trägt eine Holzfällerjacke überm Jeanshemd, Lori zwei sehr lange seitliche Pferdeschwänze und ein Top im Marinelook. Der Sohnemann steckt in einer Jeans-Latzhose. Das Bild der glücklichen Familie im 70er-Jahre-Look ging um die Welt – allerdings erst Jahrzehnte später. Terence Hill veröffentlichte es 2019 anlässlich des Muttertags auf seinem Instagram-Kanal. Da waren er und Lori bereits mehr als 50 Jahre verheiratet.

Zieh deine Hose aus

Seinen ersten Drehtag in Almería vergisst Mario Girotti nie. Er erzählt davon am Rande der Premiere seines Films *Mein Name ist Somebody* in Ungarn. Es muss schnell gehen, denn er ist ja Einspringer für den verhinderten Peter Martell. Am Flughafen in Madrid holt ihn ein Mann mit einem sehr alten Auto ab. In Almería gibt es zu der Zeit keinen Flughafen und es führt auch keine Autobahn dorthin, nur eine kurvenreiche Landstraße. Die Anreise zum Drehort dauert zwölf Stunden – eine ganze Nacht. Girotti ist müde und freut sich aufs Hotel, aber der Fahrer bringt ihn direkt an das Filmset. Zwei Frauen aus dem Filmteam kommen auf ihn zu. Eine hält ihm ein Handtuch hin und sagt: Zieh deine Hose aus. Mario dreht sich um, zieht seine Hose aus, gibt sie der Frau, die ihm wiederum eine andere Hose gibt: »Zieh die an.« Es gibt keine Wohnwagen für die Darsteller, um sich umzuziehen, man zieht sich im Freien um. Mario bekommt ein Hemd, Cowboystiefel, dies und das, und betritt bereits fertig umgezogen die Szene. So wird er im Kostüm als Cat Bud Spencer vorgestellt.

Eine wunderbare Freundschaft beginnt

Bud Spencer erinnert sich an das erste Treffen der beiden am Set in Almería: »›Ciao, ich bin Mario, es freut mich dich kennenzulernen‹«. Er setzte sich neben ihn und sie gingen ein paar gemeinsame Szenen durch. Er beschreibt ihn als eine höfliche, freundliche und bescheidene Person, und er habe gleich gesagt, dass er ihn für seine sportlichen Erfolge bewundert. Spencer sagt, seine blauen Augen und sein ansteckendes Lächeln machten ihn zu dieser Art Mann, die sich Mütter für ihre Töchter wünschten. »Ich habe sofort eine große Sympathie für ihn empfunden.« Und er geht noch weiter: »Ich glaube, er fühlte das Gleiche.« Da wäre sofort eine geistige Verbindung zueinander gewesen, »sowohl menschlich als auch beruflich«, meint Spencer. Da Terence Hill als Schauspieler schon sehr erfahren war, hätten sich die Methoden der beiden, sich auf Rollen und die Dreharbeiten vorzubereiten sehr unterschieden, »aber unsere grundsätzlichen menschlichen Werte waren die gleichen«. Auch Terence Hill erinnert sich an diese erste Begegnung mit dem Mann, der lebenslang sein Freund bleiben würde. Hill kam also schon im Kostüm ans Set und fragte ganz unbedarft, weil unvorbereitet, was für eine Szene er machen solle. Sie hätten ihm »kein Drehbuch gegeben, und ich habe es nicht studiert«, erzählte er bei einer Filmpremiere 2018. Der Regisseur sagte laut Hill, er solle sich keine Sorgen machen, die erste Szene sei eine Schlägerei zwischen der Katze und dem Hund. Nachdem Hill verblüfft reagierte, soll Bud gesagt haben: »Du, Kleiner, hast du Angst?«, worauf Hill entgegnete: »Du, Dicker, du musst aufpassen, ich bin sehr schnell.«

Mein Name ist Terence Hill

Für *Gott vergibt … Django nie!* muss sich Mario Girotti einen Künstlernamen zulegen. Der Western wird in englischer Sprache gedreht und soll ein internationaler Erfolg werden. Deshalb sollen auch die Namen der Hauptdarsteller ein internationales Flair versprühen. Die Produktionsfirma legt Mario eine Liste mit 20 Namen vor, die sie schon mal für gut befunden hat. Er hat 24 Stunden lang Zeit, um sich für einen Namen zu entscheiden. Seitdem hat Mario schon oft erklärt, warum er Terence Hill gewählt hat. Einerseits kann man den Namen kaum falsch aussprechen, in keiner Sprache. Zudem ist Terence Hill ein sprachliches Gegenstück zu Bud Spencer: Beim Einen hat der Vorname eine Silbe und der Nachname zwei, beim Anderen umgekehrt. Passt zusammen wie die Faust aufs Auge. Außerdem sind die Initialen T.H. ein Echo des Mädchennamens von Marios Mutter Hildegard Thieme. Als Terence Hill wurde Mario Girotti weltberühmt. Das war auch der Grund, weswegen ihm nicht erlaubt wurde, nach diesem Film wieder seinen alten Namen anzunehmen, wie es eigentlich vertraglich festgelegt worden war.

Rauchvergiftung

Terence Hill ist Nichtraucher und ist es auch schon immer gewesen. Als Westernheld Cat Stevens muss er sich aber bisweilen mit Zigarre zeigen und damit den wilden Macker geben. Als professioneller Schauspieler ließ sich Terence darauf ein. Nur waren die Filmzigarren tatsächlich aus Tabak, und es gab viel zu Dampfen. Auch, weil der Rauch im Saloon zusätzlich Atmosphäre schafft. Also hieß es beim Dreh: Qualmen was das Zeug hält. Terence Hill erinnert sich an die Szene mit dem Kartenspiel: Irgendwann »begann sich mir plötzlich der Kopf zu drehen«, daher habe er es nicht mehr geschafft, sich auf den Beinen zu halten. Seine Kollegen brachten ihn in ein kleines Zimmer und legten ihn auf ein Bett, wo er sich eine halbe Stunde lang erholen musste. »Ich wäre fast bewusstlos geworden«, resümiert er. Doch da musste er durch – Rauchen und Trinken passen einfach zu gut zum raubeinigen Film-Image.

Dahoam is dahoam

Terence Hills Ehefrau Lori hat Verwandte in Niederbayern: Onkel und Tante, Cousin und Cousine. Bei der Blitzhochzeit war Cousine Margitta nicht dabei, dafür andere bayerische Verwandte. Die legten Margitta später eine Ausgabe der *Bravo* mit Marios Porträt auf den Küchentisch und sagten: »Den hat sie geheiratet.« Große Aufregung in einem kleinen Dorf. Beim ersten Besuch ist die Cousine aufgeregt, als sie das junge Paar vom Flughafen abholt und redet die ganze Zeit bayerisch. Lori bittet sie, Hochdeutsch zu sprechen, damit Mario etwas versteht. Darauf soll Mario gesagt haben: »Lass sie nur reden, ich höre das so gern.« Wenn Lori und Mario die Verwandten in Bayern besuchen, geht es immer ganz familiär zu. Margitta sagt, selbst die besten Freunde und Bekannten bekämen ihn nicht zu sehen. »Das ist alles ganz privat.« Als Terence Hill dann doch einmal entdeckt wird und sich Jugendliche vor dem Haus versammeln, geht er raus, gibt Autogramme und lässt sich fotografieren.

Na denn Prost

Nach seinen Erfolgen lässt der erste Werbevertrag nicht lange auf sich warten. Mario Girotti wird das männliche Gesicht der italienischen Biermarke Nastro Azzurro von der Brauerei Peroni. Anders als im echten Leben und in seinen Filmen ist er in den Spots ein spießig gekleideter Typ, der hartnäckig hinter seiner kapriziösen Angebeteten herrennt. Er ruft ihr »Amore mio!« hinterher und bringt sie am Ende der Verfolgungsjagd mit einer Flasche Bier dazu, ihm ihre Aufmerksamkeit zu schenken. Angesichts des Getränks gibt sie sich schließlich geschlagen: »Na gut, in Ordnung.« Als Werbebotschaft sagt sie dann »Nenn mich Peroni, ich werde dein Bier sein«. Die Bierliebhaberin wird von der deutschen Schauspielerin Solvi Stübing gespielt. Acht verschiedene Verfolgungsjagden dreht Mario Girotti für Peroni – dann ist für ihn Schluss mit der Bierwerbung. Privat verzichtet Terence Hill übrigens auch weitestgehend auf Alkohol.

Gegensätze ziehen sich an

Dass Bud Spencer und Terence Hill sich privat gar nicht leiden können, ist ein Gerücht, das schon früh in ihrer gemeinsamen Karriere auftaucht. Es mag daran liegen, dass ihre Figuren in den Filmen keine besten Freunde sind, sondern sich gegenseitig mit Sprüchen überziehen. Bud Spencer erklärt, dass genau diese Komik und ihre Unterschiede das Geheimnis ihres Erfolges sind. Dieser nüchterne Grund schien wieder eine List des Schicksals zu sein, das nun ein für alle Mal das Duo zusammenführte: Terence Hill/Mario Girotti, ein wohlorganisierter, professioneller Schauspieler, und Bud Spencer/Carlo Pedersoli, ein naiver Typ mit einer gewissen »Scheiß drauf«-Haltung. Zwischen ihnen herrschten keinerlei Rivalitäts- oder Egoprobleme, ganz im Gegenteil: Sie fühlten sich zusammen so wohl, »dass wir uns sogar noch einige Spinnereien und komische Situationen ausdachten«. Der Mechanismus sei dabei simpel aber eben unwiderstehlich und auf der Filmleinwand in unzähligen Facetten zu beobachten: Terence redet, Bud grunzt nur genervt; Terence ist gelenkig, Bud gleicht einem Bulldozer; Terence baut Mist und zieht seinen Partner in Dinge mit hinein, die er überhaupt nicht leiden kann. »Der Dicke und der Dünne, der Gewitzte und der Trottel, der Kopf und der Arm, die Liebe und der Hass.« Diese Dichotomie, die schon seit der Geburt des Kinos existiere, wäre zusätzlich durch die gute Chemie zwischen ihnen verstärkt worden, fasst Bud Spencer zusammen. Dies setze zudem unsichtbare Kräfte frei: »Wir sind zwei entgegengesetzte Pole, die sich gegenseitig anziehen«, und diese Anziehung habe es möglich gemacht, dass sie viele Jahre lang auch noch einen dritten Pol anzogen: »Das Publikum auf der ganzen Welt.«

Komm raus, dir hau ich die Raupen aus der Nuss!

»In einer echten Prügelei hätte Hill keine Chance gegen mich«, tönte der Stuntman Riccardo »Silberpappel« Pizzuti noch vor nicht allzu langer Zeit. In den 70er-Jahren gehörte er zum Stunt-Team der Bud Spencer/Terence-Hill-Filme und musste als Bösewicht ordentlich einstecken. In zehn Filmen sind Pizzuti und Terence Hill gemeinsam zu sehen. In den 70er-Jahren war der Stuntman auf den Star allerdings nicht allzu gut zu sprechen. Denn während die anderen nach Drehschluss gern mal um die Häuser zogen, um zu feiern, widmete sich Hill dem Rollenstudium und dem Sport. Das fand Pizzuti uncool. Heute bereut er seine Einstellung von damals und sagt in einem Interview, er würde sich für einige Sachen gerne bei Terence Hill entschuldigen. Hill sei ein feiner Kerl und eine Legende und er habe alles richtig gemacht und Pizzuti ein paar Sachen falsch. »Vielleicht habe ich nur etwas länger gebraucht, um das einzusehen.«

Leidenschaft mit Handbremse

Der müde Joe, Markenzeichen dreckiger Hals und abgerissenes Hemd, lässt sich in *Die rechte und die linke Hand des Teufels* zu einem Bad verführen. Zwei Mädchen locken den Helden zu sich in einen Tümpel unterhalb eines Wasserfalls. Er reitet mit dem Pferd ins Wasser und lässt sich dann betört zu den wild flirtenden Mädchen herabfallen. Eines der beiden Mädchen ist die Italienerin Elena Pedemonte, die andere die deutsche Gisela Hahn. Diese ist ganz hin und weg von dem Star, wie sie Terence Hills Biograph Ulf Lüdeke erzählte: »Ich stand kurz vor einem Schlaganfall«, als sie Hill in die Augen gesehen habe. Aber, ach – Gisela ist mit dem prominenten italienischen Schauspieler Alberto Sordi liiert, Terence jung und glücklich verheiratet. Dennoch ist Gisela während der acht Drehtage wie im siebten Himmel. Sie erinnert sich, sie habe einmal mit Terence Hill am Rande des Sets gestanden und er habe gesagt, es sei schade, dass sie sich erst jetzt kennenlernten. »Ja, das finde ich auch«, habe sie ihm geantwortet. Und dabei sei es dann geblieben. Dass Terence aber so zurückhaltend zu ihr gewesen ist, »habe ich damals als großes Kompliment aufgefasst«.

In bester Gesellschaft

Terence Hills deutsche Stimme ist der Berliner Schauspieler und Synchronsprecher Thomas Danneberg. Seit *Zwei Himmelhunde auf dem Weg zur Hölle* (1972) ist er dafür zuständig, dass die coolen Sprüche auch auf Deutsch wirkungsvoll rüberkommen. Danneberg ist einer der gefragtesten seines Fachs und lieh seine Stimme zahlreichen Weltstars, darunter Arnold Schwarzenegger, John Travolta und Sylvester Stallone. Danneberg traf Terence Hill auch gelegentlich und hat nur Nettes über ihn zu sagen: »Sehr angenehm. Sehr nett; ’n sehr lieber Kerl.« Die Sprüche, die Danneberg in Hills Namen raushaut, sind allerdings zu großen Teilen keine wortgetreuen Übersetzungen aus dem englischen Originalfilm, sondern stammen aus der Feder der Synchronautoren Rainer Brandt und Karlheinz Brunnemann. Der Erfolg der Spencer/Hill-Filme im deutschen Sprachraum ist somit auch ein Erfolg von Brandt/Danneberg mit ihren Schnodderschnauzen. Die »Sabberrinne«, das »Hotte-Hüh-Pferdchen«, »Dem beiß ich ’ne Beule in den Bart, dass dem die Hose wegfliegt!« – sie sind mindestens so cool wie »Hasta la vista, Baby« und andere Klassiker aus Dannebergs Mund.

Whiskey und Bohnen –
alles nur Show?

Erst ein großes Glas. Nessuno »Nobody« probiert den Trunk, würgt, trinkt dann auf Ex aus, wirft das Glas hinter sich und schießt darauf. Er nutzt den Spiegel über der Bar zum Zielen und trifft das Glas, noch bevor es den Boden berührt. Die Männer im Saloon zollen ihm raunend Anerkennung, die Damen kichern. Das zweite Glas ist etwas kleiner, und Nobody macht es genauso. Dann beginnt auch er zu kichern. Viermal legt er dieses Kunststück hin. Was war eigentlich wirklich in den Gläsern? Kalter Tee wie sonst bei den Dreharbeiten üblich war? »Wasser gemischt mit echtem Whiskey«, verriet Terence Hill. Er wollte, dass die Szene so realistisch wie möglich wird. »Wie man sieht, ist mir das auch [...] zu Kopf gestiegen.«

Ähnlich wie Whiskey gab es auch das ganze Fleisch, Bohnen und Omelett aus 20 Eiern für Terence Hill generell nur im Film. Privat verzichtet er seit Jahrzehnten auf Fleisch und Milch. Sein Sohn Jess verrät, dass sie sich zu

Hause von einer japanischen ländlichen Diät ernährten, die Inaka hieß und von japanischen Bauern und Fischern stamme. Es hätte nur einmal im Monat Fisch gegeben, »sonst Vollkorn, Tofu, Bohnen, alle möglichen Algen«. Wenn Terence Hill also immer wieder betont, dass ihm die Bohnen in den Filmen durchaus geschmeckt haben, ist da noch mehr Wahres dran, als man zunächst denkt.

Autsch – ohne Kratzer geht es nicht

In einer Schlägerei in *Zwei wie Pech und Schwefel* (1974) wird Terence Hill, der den Rennfahrer Kid spielt, von einem Halunken angegriffen, der mit einer Holzbank auf ihn losgehen will. Er schwingt die Bank, Hill duckt sich weg, die Bank knallt an eine Wand. Terence Hill erinnert sich, man würde normalerweise dafür spezielle Möbel aus sehr leichtem Holz benutzen, die schnell kaputt gingen. Der Regisseur allerdings meinte, sie sollten richtige Bänke verwenden. »Keiner von uns hatte etwas dagegen.« Er habe sich also weggeduckt und als er wieder hochkam, knallte ihm die Bank auf den Kopf. Er sei stark blutend ins Krankenhaus gekommen und mit fünf Stichen genäht worden. »So etwas passiert. Nur Bud Spencer nicht.« Der berichtet vielmehr in einem Onlineinterview und seinem Buch *Was ich euch noch sagen wollte …* von einem folgenreichen Unfall, der seinem Filmpartner im echten Leben in New York zustieß. Er schreibt, Terence trage auf seinem Rücken immer noch die Zeichen eines Messerstiches, den er sich vor vielen Jahren einfing, als er ein Mädchen verteidigte, das angegriffen wurde.

Nur auf seine Art

Den Sommer 1974 verbringt Terence Hill mit seiner Familie in Los Angeles. Zwei Kinder, Weltkarriere, glückliche Beziehung und eine Pause zwischen seinen Filmprojekten – besser könnte es nicht laufen. Da bietet ihm auch noch der Hollywood-Produzent Freddy Fields per Telefon an, einen Film zu drehen, der exklusiv auf ihn zugeschnitten ist. Terence Hill soll darin einen Vergewaltiger spielen. Hill ist skeptisch, er will keine bösen Figuren oder fiesen Typen verkörpern. Die Produzenten Fields und Dino de Laurentiis setzen ihn unter Druck, drängen auf einen Vertragsabschluss. Sie drohen, ansonsten Hills Karriere zu ruinieren. Hill unterschreibt aber nicht, sondern verlässt Los Angeles fluchtartig. Er geht lieber mit seiner Familie auf einen entspannten Road Trip und fährt aufs Land. Im Ort Stockbridge im Bundesstaat Massachusetts, den sie auf dieser Reise besuchen, kaufen sie letztendlich ein Haus. Seine Frau Lori unterstützt ihn bei seiner Entscheidung gegen Hollywood und für die eigenen Werte. Später sagt er, er habe verstanden, dass der Moment gekommen war, fortzugehen. Schauspieler zu sein »bedeutete mir viel, aber nur auf meine Art«.

Doppelter Hufschlag und Schulterschluss

Bud Spencer hat beim Prügeln seinen eigenen, unverwechselbare Schlag: Mit der Unterseite der Faust von oben auf den Scheitel des Gegners, am besten bei zwei Gegnern gleichzeitig. Der doppelte »Bud-Spencer-Schlag« ist sein Markenzeichen und darf in keiner anständigen Keilerei fehlen. Terence Hill hat keinen typischen Schlag, aber dafür den »doppelten Hufschlag«, den ihm die deutsche Synchronisation von *Zwei außer Rand und Band* (1977) geschenkt hat. Hill rollt sich in der Szene über einen Tisch ab und erwischt dann zwei Gegner gleichzeitig am Kinn. Was Bud in den Filmen mit Kraft macht, macht Terence mit Akrobatik und Sportlichkeit. Einen Kraftakt, den beide im Schulterschluss unternehmen, bekommen Fernsehzuschauer im Oktober 1984 in der Sendung *Auf Los geht's Los* zu sehen. In der Samstagabend-Show nehmen Bud Spencer und Terence Hill Moderator Joachim »Blacky« Fuchsberger auf dem Arm und tragen ihn im großen Finale durch den Saal.

Apfelsaft gibt Pokerkraft
und macht manchmal schwach

In vielen seiner Filme isst Terence Hill irgendwann einen Apfel. Dieses Markenzeichen hat
er selbst eingeführt. »Ich esse einfach gerne
Äpfel«, sagt er, und auch privat habe er eigentlich immer einen Apfel zum Snacken dabei.
Fans haben eine ganze Reihe berühmter Apfel-
szenen identifiziert, die fruchtreichste ist wohl
die in *Zwei sind nicht zu bremsen*. Da legt Terence Hill seinen Apfelvorrat auf den Poker-
tisch und isst während des Spiels, was er mit
»Apfelsaft gibt Pokerkraft« kommentiert. Den
tieferen Grund für die Neigung zum Obst verriet Drehbuchautor Marco Tullio Barboni in
der Dokumentation *Sie nannten ihn Spencer*:
Hill achtete auf seine Linie und Fitness. Barboni: Am Set habe er immer einen Apfel und
Reiswaffeln dabei gehabt, »um perfekt in Form
zu bleiben«. Auf seinem Instagram-Account
veröffentlichte Terence Hill 2017 ein Foto, auf
dem er grüne Äpfel signiert.

Köstliche Äpfel haben es ihm auch einmal in
der Sendung *Am laufenden Band* mit Rudi

Carrell eindeutig angetan. Er ist 1977 als Gast und Spielteilnehmer dabei und soll als Verkäufer in einem Tante-Emma-Laden auf die Kasse achten. Die Kandidaten bekommen die Aufgabe, »Onkel Emma« um einen Groschen für die Parkuhr anzuschnorren. Die Kandidaten lassen sich allerlei Ausreden einfallen, und jeder bekommt sein Zehnerl. Viel mehr als für seine Kasse interessiert sich Terence für die Äpfel, die es in seinem Showladen gibt: Die futtert er nicht nur nebenher – am Schluss mopst er noch einen Apfel und verabschiedet sich durch die Seitentür.

Wenn's was zu Fressen gibt, lacht das Herz

Das große Fressgelage in *Das Krokodil und sein Nilpferd* (1979) ist sogar für Bud-und-Terence-Filme ziemlich üppig. Terence Hill als Krokodil mixt sich dabei erstmal einen Drink aus zwei Esslöffeln Kaviar, Butter, Salz, Pfeffer und Champagner. Während Bud Spencer als Nilpferd zum Hauptgang T-Bone-Steaks mit den Händen isst, entscheidet sich Krokodil für Hummer. Auch er beißt einfach zu und verspeist die Hummerscheren komplett. »Das klingt, als wenn du 'ne Dachrinne frisst«, kommentiert Nilpferd. Die Tochter des Regisseurs erzählte später in einer Dokumentation, bei den Dreharbeiten in Südafrika sei in der berühmten Fressszene nichts gestellt. Auch nicht, als Terence den Hummer samt Scheren verschlinge. »Er macht das wirklich.« Das sei keine Kinoszene mehr, sondern Realität. Bud Spencer habe zu dem Dreh sogar seine eigene Köchin mitgenommen, »um standesgemäß bekocht zu werden«. Terence Hill schildert die Situation in leicht entschärfter Form: Der Hummer sei echt gewesen, und er habe auch ganz echt so hineingebissen, dass es knirschte. Allerdings sei dann die Kamera angehalten worden, damit er die Mischung aus Schalentier-Panzer und Hummerfleisch zwischen den einzelnen Takes wieder ausspucken konnte. Bud Spencer bestätigt, Terence habe in seiner Karriere wirklich ganz übles Gebräu und schlimme Ekelnahrung heruntergewürgt. Er sei ein echter Schauspieler, und ein echter Schauspieler mache sowas.

Persönliche Angelegenheit

Terence Hill ist katholisch, und zwar nicht nur in Filmen. Die *Tagespost* zitiert ihn: »Ich bin praktizierender Katholik.« Er rede nicht oft darüber, weil der Glaube eine kostbare und extrem persönliche Sache sei. Daher war es ihm eine Herzensangelegenheit, die Oberammergauer Passionsspiele zu besuchen, als er 1980 in Deutschland war. Am Rande der Filmpromotion nahm er sich am 21. September Zeit, um die mehrere Stunden lange Vorstellung zu besuchen. Die Passionsspiele finden im bayerischen Alpendorf Oberammergau seit dem Jahr 1634 statt. Laiendarsteller aus dem Ort inszenieren dabei das Leben und Sterben Jesu sowie Szenen aus der Bibel. Von seinem Besuch der Passionsspiele am 21. September 1980 berichtet Terence Hill drei Tage später in der Sendung *Die Drehscheibe* im ZDF. Dabei behielt er seine persönlichen religiösen Eindrücke aber für sich. Kirchennah sieht man ihn nicht nur in seiner Rolle als Don Matteo immer wieder: 2009 ist er auch beim Künstlerempfang von Papst Benedikt XVI. mit dabei. 2015 entdeckt ihn eine Reporterin beim Besuch des Turiner Grabtuchs.

Fußballgott

Terence Hill ist bekennender Fan des Fußballvereins AS Rom. Im Film *Keiner haut wie Don Camillo* tragen die Rivalen ihren Streit auf dem Fußballplatz aus, was meistens in eine Riesenschlägerei mündet. In diesem Remake der legendären Filmreihe *Don Camillo und Peppone* aus den 50er- und 60er-Jahren spielt Terence Hill einen Geistlichen, der sein eigenes Fußballteam coacht. Zum guten Schluss soll ein Finalmatch die Entscheidung bringen: Kirche oder Kommunismus, wer hat das Sagen im Dorf? Für das Match engagieren die Filmfiguren Profifußballer – die dann auch mit italienischen Fußballstars besetzt sind: Roberto Boninsegna, Carlo Ancelotti, Roberto Pruzzo und Luciano Spinosi. Ancelotti und Pruzzo spielen zu der Zeit für Terence Hills Lieblingsverein AS Rom. Ein Fan im Glück: Terence Hill darf seine Fußballidole auf dem Platz dirigieren. Vieles spricht dafür, dass in dieser Zeit auch der Fußballgott seine Hände im Spiel hatte. Der AS Rom schreibt noch Jahrzehnte später auf seiner Website, dass Pruzzo im weiteren Verlauf des Jahres 1984 eines der schönsten und akrobatischsten seiner 106 Tore für den AS Rom erzielte …

Löwenstark

Lucky Luke hat sich in der Prärie hingelegt und das Gesicht mit einem Hut abgedeckt. Da schleicht sich ein ausgewachsener Löwe an den schlafenden Cowboy heran, stupst mit der Schnauze an seinen Hut, fletscht die Zähne und faucht. Schließlich legt sich das Tier dem coolsten Cowboy des Westens, gespielt von Terence Hill, zu Füßen. Die Szene aus dem Intro von *Lucky Luke* (1991) war nicht ungefährlich, erzählte Terence Hill in einem Interview. Der Löwe sei nicht zahm gewesen, sondern ein Wildfang aus Colorado. Man habe beim Dreh um Hill herum Fleischstücke ausgelegt und ihm geraten, sich nicht zu bewegen, um keinen Angriff zu riskieren. Am Ende habe der Löwe dann die Kamera angegriffen und sei in Richtung des Saloons davongelaufen.

Wettschulden sind Ehrenschulden

Bei *Wetten, dass..?* ist Terence Hill mehrmals zu Gast – gemeinsam mit Bud Spencer oder auch allein. 1983 werden die beiden bei Frank Elstner sogar Wettkönige. 1991 verliert Terence Hill seine Wette bei Thomas Gottschalk: Es geht darum, ob ein Kandidat gut Fliegen fangen kann oder nicht. Terence Hill meint nicht und verliert die Wette um den erfolgreichen Fliegenfänger. Also hat Terence Hill seine Wettschulden einzulösen: ein Besuch im sächsischen Lommatzsch, dem Wohnort seiner Kindheit. Dazu kommt es erst 1995. Es geht mit dem Planwagen und einem Spielmannszug in den kleinen Ort. 10 000 Menschen sind gekommen, etwa doppelt so viele, wie der Ort Einwohner hat. Terence Hill bekommt die Ehrenbürgerwürde verliehen, an seinem ehemaligen Wohnhaus wird eine Gedenktafel enthüllt. »Mein Herz ist hier«, schreibt er ins Goldene Buch der Gemeinde. In der örtlichen Turnhalle gibt er, wie bei *Wetten, dass..?* versprochen, auch einen Stuntworkshop für Kinder. Da fliegen dann so richtig die Fäuste und dazu spielt ein Tontechniker sogar live die Schlaggeräusche ein. Bevor Terence gespielt in Ohnmacht fällt, weil ihn ein Knirps »ausgeknockt« hat, sagt er in die Kamera: »Das ist meine Heimat Lommatzsch.«

Die Prügelknaben der Nation

Bud Spencer und Terence Hill sind 1995 wieder bei *Wetten, dass..?* in Bremerhaven. Da sie eine Wette mit Ansage verloren haben, muss Terence Hill am Ende der Sendung in einem Schaukampf gegen Boxer Henry Maske antreten. Als Einlaufsong wird das *Biene Maja*-Lied gespielt, den Ansager gibt Moderator Thomas Gottschalk. Der hatte seine Studiogäste Bud Spencer, Terence Hill und Henry Maske schon im Laufe der Sendung als »die beliebtesten Prügelknaben der Nation« bezeichnet. »Augen wie Veilchen, Beine wie Spaghetti«, sagt Gottschalk, als er Terence Hill im Ring anmoderiert. Ringrichter des Comedy-Kampfes ist Bud Spencer. Hill, Maske und Spencer kosten die Situation aus: Hill versteckte sich hinter Spencer, lässt sich von Maske niederstrecken, steht wieder auf, verpasst dann Bud Spencer eine. Dann kommt Hill ein zweites Mal zu Fall und Henry Maske wird zum Sieger erklärt. Am Schluss schlägt jedoch Bud Spencer ihn nieder und hängt sich selbst den Sieger-Lorbeerkranz um den Hals.

Keiner haut wie Don Matteo

In Deutschland ist immer noch Don Camillo der bekannteste Filmpfarrer. In Italien ist es Don Matteo. Der trägt ebenso wie Don Camillo eine schwarze Soutane, fährt meistens Fahrrad und wirkt in einem kleinen, abgelegenen Örtchen – bis zur achten Staffel in Gubbio, später in Spoleto. Don Matteo ist aber, anders als Don Camillo, nicht schlagkräftig, sondern scharfsinnig. Wie der britische Pater Brown ermittelt auch er in Kriminalfällen. Don Matteo steht in freundlicher Dauer-Rivalität mit der örtlichen Polizei, den Carabinieri. Weil er die Kriminalfälle immer schneller löst als die Polizisten, ärgern die sich jedes Mal. Die Rolle des Filmpfarrers hat Terence Hill schon 1984 ausprobiert – in *Keiner haut wie Don Camillo*, das an die Filmklassiker mit Fernandel anknüpft. Die Italiener lieben ihren Don Matteo – schon elf Staffeln liefen seit dem Jahr 2000 im ersten Programm Rai Uno. Eine zwölfte Staffel ist auch schon in Arbeit. In Italien ist Terence Hill als Pfarrer und moralische Instanz inzwischen bekannter als als Filmkumpan von Bud Spencer.

Buongiorno, Ragazzi

In der Fernsehserie *Don Matteo* können die Zuschauer in Italien seit dem Jahr 2000 Terence
Hill erstmals seit seiner Jugend wieder seine
zweite Muttersprache Italienisch sprechen
hören. In allen seinen anderen Filmen seit
1967 spricht er in der Originalfassung Englisch, auch in den italienischen Produktionen.
Wenn die Filme für den italienischen Markt
synchronisiert wurden, sprachen Synchronsprecher die Texte ein und nicht die Schauspieler selbst. Zum ersten Mal hören die Fans
nun einen Terence Hill, der mit seiner sanften
Originalstimme spricht. Er selbst sagt, er habe
immer geglaubt, dass seine Stimme wegen seiner Schüchternheit nicht geeignet wäre für die
Charaktere, die er gespielt habe. Aber bei Don
Matteo sei das anders. Den, habe er gedacht,
könne er auch mit seiner Stimme interpretie-
ren, »und so habe ich meine Ängste besiegt«.

Leibspeisen, die verbinden

In den Lieblingsgerichten Terence Hills spiegelt sich seine deutsch-italienische Kindheit. Einerseits sind es Spaghetti Napolitana, Nudeln mit Tomatensauce (zur Not auch mit Ketchup, wie er sagt), zum anderen sind es Mohnkuchen und Zwetschgenkuchen. Auch Bud Spencer liebt Spaghetti Napolitana. Die kommen besonders in seinen *Plattfuß*-Filmen oft auf den Tisch. Als reiferer Mann durfte Hill angeblich zu Hause keine Spaghetti mehr essen, weil seine Frau ihn zu dick fand. Daher besuchte er in Rom gerne seinen alten Freund Bud Spencer zum gemeinsamen Spaghettiessen. Laut Rezept besteht die Bud-Spencer-Tomatensauce nur aus frischen Tomaten, Tomatenmark, Knoblauch, Zwiebeln, Basilikum, Salz, Pfeffer und Zucker. Ein Pressefoto zeigt die beiden Esser im reiferen Alter, wie sie in einer Küche vor übergroßen Spaghetti-Portionen sitzen und sehr glücklich aussehen. Bud Spencer schreibt in seinem Buch *Ich esse, also bin ich* über dieses Bild: Das seien Terence und er in seinem Haus in Morlupo vor zwei Kilo Spaghetti. In 45 Jahren habe er nur ein paarmal gesehen, wie Terence auf seine Diät gepfiffen habe, aber bei seinen ›Spaghetti al Pomodoro‹ »war er nie in der Lage zu widerstehen«. Terence Hill macht sich über Essen aber eigentlich keinen Kopf, sagt er. Bud lege Wert auf spezielle Mahlzeiten, »er aß gerne gut, aber keine übertriebenen Sachen«. Er selbst denke nicht dauernd ans Essen. »Ich mag es, aber ich denke nicht darüber nach.«

Braucht er auch nicht, zumindest nicht, wenn er entweder aus den USA oder Italien zu Besuch zu den Verwandten nach Bayern fährt, was er bis heute mit seiner Frau macht. Bei *Markus Lanz* berichtete er über diese Besuche: »Die machen mir ein schönes Frühstück mit vielen Brötchen.« Das habe er ganz gerne. Ob er lieber Wurst oder Marmelade auf seine Frühstückssemmel mag, wie sie in Bayern heißt, hat er nicht verraten.

Flying Through The Air

Die Musik aus den Bud Spencer/Terence Hill-Filmen stammt meistens von den italienischen Brüdern Guido und Maurizio De Angelis, als Band bekannt unter dem Namen Oliver Onions. Bekannte Songs der Filme gibt es aber auch von Ennio Morricone, Lynyrd Skynyrd, Franco Micalizzi und anderen. Wer hat die alle drauf? Die Spencer Hill Magic Band. Die aktuell siebenköpfige Gruppe wurde im Jahr 2006 von ungarischen Fans gegründet und spielt bei Fantreffen, auf Festen und Festivals oder in Clubs. Zu den großen Fantreffen in Deutschland werden sie auch eingeladen. Sie begleiten die Budapester Premiere von *Mein Name ist Somebody* musikalisch und stehen dabei auch kurz gemeinsam mit Terence Hill auf der Bühne – ein Höhepunkt ihrer Bandkarriere. In München gibt es seit 2017 den 60 Mitglieder starken Bud Spenzer Heart Chor, der Filmsongs zum Besten gibt. Das Markenzeichen der Chormitglieder ist es, immer in Jeans und Karohemden aufzutreten.

Ein Hügel für den Hill

Hill bedeutet auf Englisch Hügel, deshalb sollte doch zumindest ein Hügel auf der Welt den Namen Terence tragen, finden viele Fans. 2011 machen sich schwäbische Fans einen Jux daraus, auf Facebook zu fordern, den Feldberg im Schwarzwald in »Terence Hill« umzubenennen. Der höchste Berg des Schwarzwaldes ist zwar kein Hügel mehr, aber dafür ein umso prominenterer Ort. Vorausgegangen ist dieser Onlineaktion der Wunsch derselben schwäbischen Fans, einen Tunnel in Schwäbisch-Gmünd nach Bud Spencer zu benennen. Beides erregt zwar Medienaufmerksamkeit und Sympathie, wird aber nicht in die Tat umgesetzt. Ungarische Fans sind da erfolgreicher: In der Hauptstadt Budapest gibt es seit 2017 eine Bud-Spencer-Statue. Anlässlich des Budapest-Besuchs von Terence Hill im Herbst 2018 wird eine kleine Erhebung in einem Park als »Terence Hill« ausgeschildert.

Seinen Segen haben sie

Die Rolle des Priesters Don Matteo spielt Terence Hill für das italienische Publikum so überzeugend, dass man ihm glatt eine echte Eheschließung abkaufen würde. Bei der Abschlussgala des Sanremo-Musikfestivals »traut« er 2014 sogar ein Moderatorenpaar auf der Bühne: Fabio Fazio und Luciana Littizzetto treten in Hochzeitskleidung auf und Terence Hill kommt in Don-Matteo-Soutane auf einem Fahrrad die Showtreppe heruntergefahren. Er ergreift unter einem Blütenbogen die Hände der Moderatoren zum Segen und erklärt sie ganz priesterlich zu Mann und Frau, »bis dass Sanremo euch trennt«. Dann singen die Künstler den beliebten italienischen Schlager »Un corpo e un anima«. Die beiden prominenten Moderatoren werden aber trotzdem kein Paar und sind es auch nie gewesen.

Bärenstarke Typen

Als Förster in der italienischen TV-Serie *Die Bergpolizei – Ganz nah am Himmel* ist Terence Hill zwar stets auf der Seite des Guten, aber auch eigenbrötlerisch bis bärbeißig. In den ersten zwei Folgen der zweiten Staffel bekommt er dabei sogar Gesellschaft von einem echten Bären. Als Förster Pietro wird er Zeuge, wie das Tier im Wald angeschossen wird und der Täter flüchtet. In Wirklichkeit bleibt der Bär natürlich unverletzt: Es handelt sich um die Braunbärendame Hera des Alfelder Tiertrainers und Bärenexperten Dieter Kraml. Er spielt in den zwei Bärenfolgen eine Nebenrolle. Terence Hill kann die Bärendame also relativ entspannt für Foto und Dreh an der Leine halten, solange Kraml dabei ist. Hill ist zufrieden mit seiner pelzigen Drehpartnerin und sagt: »So ein schönes Tier.« Noch nie sei er einem Bären so nahe gewesen.

Fachlich scheint er als Förster insgesamt eine ausgesprochen gute Figur abzugeben. Terence Hill führe sich zum Teil besser auf als der eine oder andere Förster, sagt einer, der es wissen muss: der Südtiroler Förster Hansjörg Mittich.

Als Experte für die Region ist Mittich bei den Dreharbeiten für die Serie *Die Bergpolizei* im Hochpustertal dabei. Er sucht Drehorte aus und achtet darauf, dass die Natur keinen Schaden nimmt. In einem Interview mit dem TV-Sender Rai Südtirol schwärmt er über Terence Hill: »Er ist höflich, er hat Geduld. Wirklich.« Das sei ein Mensch, an dem man sehe: »Der hat viel gesehen und viel erlebt.«

Zwei wie Pech und Schwefel

Dass Bud Spencer und Terence Hill gute Freunde sind, ist bekannt. Was ihre Freundschaft so lange bestehen lässt und warum sie sich nie gestritten haben, das erklärt Bud Spencer an zwei Stellen in seiner Autobiografie. Wenn die Drehs beendet gewesen seien, führte jeder sein Leben fort und kehrte zu seiner Familie zurück. Die beiden hätten nie den Fehler gemacht, sich in die Privatsphäre des anderen hineinzudrängen. »Freundschaft ist wie Liebe ohne Sex« und eine Liebe, die sich in ein Gefängnis verwandelt, zerstöre die Freundschaft. In einem anderen Buch schreibt Spencer, dass niemand und nichts vergleichbar mit der Beziehung zwischen ihm und Terence Hill sei. Es sei mittlerweile klar, dass eine echte Freundschaft und Verbindung wie die ihre von unwägbaren Faktoren bestimmt werde; zwei Personen, die sich begegneten und bei denen sofort jener Zauber wirke, den die beiden schon vorher besessen hätten, ohne ihn zu kennen, »da sie ja bisher nicht das notwendige Gegenstück gefunden hatten«.

Grünes Gewissen

Pizza to go kaufen, Pizza essen, Papier auf den Boden werfen – geht gar nicht! Terence Hill will seine Landsleute wachrütteln, die Umwelt nicht mit achtlos weggeworfenem Müll zu verschmutzen. Als Oberförster von Innichen bewegt sich Terence Hill in *Die Bergpolizei* in der idyllischen Landschaft von Südtirol. Drei Staffeln lang ist er am Pragser Wildsee und Umgebung dabei zu sehen, wie er die Polizei beim Lösen ihrer Fälle unterstützt und als moralische Instanz auftritt. Er nutzt im Jahr 2014 ein Interview zur Serie, um auf ein Problem hinzuweisen, das in den Landschaftsaufnahmen des Hochpustertals nicht sichtbar wird: Müll. In Südtirol ginge es noch, aber in den übrigen Teilen Italiens werde zu viel Müll einfach achtlos weggeworfen. 2016 unterstützt er mit Videoclips auch die Aktion »Wake up Roma« (Rom, wach auf) und ruft auf, bei der Müllsammelaktion in der Stadt mitzumachen.

Fanpower

Ein Prügel-Computerspiel mit Bud Spencer und Terence Hills als Hauptfiguren – das ist doch was, finden vier Freunde in Bologna eines Abends beim Bier. Die Spieleentwickler nennen das Konzept 2016 »Slaps & Beans« (Backpfeifen & Bohnen) und stellen es auf der Crowdfunding-Plattform Kickstarter zur Finanzierung ein. 130 000 Euro Entwicklungskosten sollen die Fans vorstrecken. Die Idee mit dem Prügelspiel kommt gut an, die Finanzierung steht bald – denn das Game ist auch ganz offiziell von den Agenturen der Stars abgesegnet. Seit 2017 können Fans also auch virtuell mit Bud und Terence auf Backpfeifensafari durch verschiedene Szenarien gehen. Die Unterstützer der Kickstarter-Kampagne sind auf der Website der Entwickler verewigt.

Futtern wie die Firpos

Gestreifte Kartoffeln und Quetschfleisch, das ziehen sich die Firpo-Brüder Johnny (Terence Hill) und Charlie (Bud Spencer) am liebsten rein. Wer es ihnen stilgerecht gleichtun will, muss an den Ort der Handlung von *Zwei sind nicht zu bremsen* nach Florida oder in Ungarns Hauptstadt Budapest. Dort serviert Firpo Burger in zwei Filialen die Leibspeise der Brüder. Die Burger kann man sich mit Fleisch in unterschiedlichen Mengen bestellen; einige Gerichte gibt es – ganz zeitgemäß – inzwischen sogar auch in vegetarischer Variante. In der Bar-Filiale gibt es dazu auch zwei Firpo Bier: Ein dunkles Ale namens Charlie Firpo und ein Blond Ale namens Johnny Firpo. Die ungarische Craft-Brauerei Hedon stellt sie her und verkündet auf ihrer Website stolz, dass Johnny Firpo das meistverkaufte Craft-Beer Ungarns sei.

Online

Anlässlich seines neuen Films *Mein Name ist Somebody* entschied sich Terence Hills Team, ihm einen offiziellen Instagram-Account und eine Facebook-Seite einzurichten. Man muss ja Schritt halten mit den jungen Leuten. Der erste Post zeigt Hill, wie er ein Nickerchen neben seiner Harley Davidson macht, die Cap lässig ins Gesicht gezogen. Seitdem gibt's auf den Accounts regelmäßig neue Fotos. Die mehr als 230 000 Fans auf Instagram und 2,3 Millionen Follower auf Facebook kommentieren in allen möglichen Sprachen und verstehen sich dennoch blendend. Am beliebtesten sind alte Fotos aus den Zeiten, als es noch gar keine Sozialen Medien gab. Wenn es ihn nicht schon geben würde, müsste deshalb der Throwback Thursday, an dem das Internet alte Bilder und Nostalgisches feiert, glatt noch erfunden werden.

Charmebolzen

Als Don Matteo lässt Terence Hill die Polizei ganz schön alt aussehen, weil er den Ermittlern immer eine Nasenlänge voraus ist. Auch wenn die fiktive Polizei darauf oft genervt reagiert, scheint im echten Leben zwischen Filmpfarrer und Ordnungshütern eitel Sonnenschein zu herrschen. So hat die italienische Polizei Carabinieri auf ihre Website, wo sie regelmäßig Artikel zum Thema »Carabinieri in Film und Fernsehen« postet, auch ein Interview mit Terence Hill gestellt. Der lobt darin die italienische Polizei als volksnahe »Wächter der Sicherheit«. Die echten Polizisten beim Dreh bezeichnet er als sympathisch, locker, gesprächs- und hilfsbereit. Er verdeutlicht auch, dass es da einen Unterschied zu US-amerikanischen Cops gibt: Die Carabinieri hätten sich einen unbestreitbaren Charme bewahrt, weil sie immer in Verbindung zur Realität ständen und auch zum italienischen Mann, »wobei sie vor allem Eleganz, Höflichkeit und Professionalität verströmen«.

Geistlicher Rat für Don Matteo

Als Don Matteo ist Terence Hill der Lieblings-pfarrer Italiens. Sogar Priester mögen seine Se-rienfigur. In die Soutane hineingewachsen ist Terence unter anderem mit Hilfe des echten Priesters Don Mauro. Der war zu Drehbeginn der ersten *Don Matteo*-Staffel Priester in Gub-bio, wo die Serie spielt. Die Kirche ist, zumin-dest von außen, ziemlich oft in der Serie zu se-hen. Don Mauro stellt Terence einen Raum in seinem Pfarrhaus zur Verfügung, um sich vor-zubereiten. Er zaubert auch den einen oder an-deren Ratschlag aus dem eigenen Nähkästchen oder aus der Geistlichkeit. Don Mauro erzählte dem Terence-Hill-Biografen Ulf Lüdeke, ein paar ältere Priesterkollegen hätten ihm einmal gesagt, dass der Schauspieler wirklich gut sei. Das Einzige, was sie an ihm bemängelten, sei eine Lappalie gewesen: Er könne doch wenigs-tens dann und wann ein Brevier in die Hand nehmen, in dem die Priester den Stundenplan der Liturgie und Ähnliches aufbewahren. Und das habe er dann tatsächlich auch gemacht – »weil ich es ihm gesagt habe«.

Immer nur Pistazie

Die Gelateria Girotti heißt nicht zufällig genauso wie Terence Hill mit bürgerlichem Namen. Die Eisdiele im italienischen Dorf Amelia in Umbrien gehörte in den 70er-Jahren seinem Großonkel. Terence Hill hat sie 2017 mit seinem Sohn Jess und seinem Enkel wiedereröffnet. In den Siebzigern gab es nur zwei Sorten, Schokolade und Zitrone. Heute bietet Girotti außer allen klassischen Geschmacksrichtungen von Vanille über Melone bis Nuss auch moderne Sorten wie karamellisierte Feige, Sandonna-Rotwein oder Safran mit kandierten Aprikosen an. Eisliebhaber und Fans konnten das Eis von Girotti auch schon bei einigen Events kosten: 2019 bei einem Fantreffen in Templin und beim Fanfestival in Lommatzsch sowie 2018 am Pragser Wildsee waren die Italiener mit einem kleinen Eiswagen zu Gast. Im Stammhaus in Amelia gibt's außerdem Schokoladeneditionen und einen Terence-Hill-Kaffee. Hinter der Theke hängen Bilder aus Terence-Hill-Filmen. Selbstverständlich kam der Besitzer und erneute Namensgeber persönlich zur Eröffnung. Er bestellte sich eine Portion Pistazieneis, wie er auf seinem Instagram-Account verriet. Ist ja eigentlich klar: Schon im Film *Zwei sind nicht zu bremsen* bestellt Hill beim Eisverkäufer Bud Spencer immer nur Pistazie. Anders als im Film am Eis-Bike von Grandma's Homemade Ice Cream in Fort Lauderdale heißt es bei Girotti in Italien aber hoffentlich nie »Pistazie hab ich nicht«.

Mein Name ist Terence

Charline, Andrea und ein unbekannter Mann haben kurz vor Weihnachten bei Amazon Italien eine DVD von *Mein Name ist Somebody* bestellt. Für ein Onlinewerbevideo gibt Terence Hill persönlich den Paketboten. Er holt die auszuliefernden DVDs aus dem Depot ab und wird dann im schwarzen Van zu den Kunden gefahren, wo er klingelt, »Ein Päckchen von Amazon« sagt und das Päckchen dabei artig in die Überwachungskamera hält. Er trägt das gleiche Outfit, mit dem er auch auf dem Cover der DVD abgebildet ist: graues Käppi und schwarze sportliche Jacke. Charline und Andrea erkennen ihn sofort und sind ganz aus dem Häuschen. Der dritte Mann schaut skeptisch, als er die Lieferung in Empfang nimmt, erkennt den Star scheinbar nicht, und man hört Terence Hill sagen: »Ich brauche kein Trinkgeld, danke.« Im Weggehen murmelt Terence »Ich bin ein Amazon-Bote«. Der Spot, auf der Facebook-Seite von Amazon veröffentlicht, kommt bei Terence-Fans gut an, die Masse der Kommentare sind aber Beschwerden wegen ausbleibender Lieferungen und anderer Probleme.

Außen hui, innen ui

Alle Jahre wieder pilgern in Deutschland die Fans zu den regelmäßigen Spencer-Hill-Treffen. Die italienischen Fans zieht es an die Drehorte von *Don Matteo*. Die Tourismusbranche in der umbrischen Kleinstadt Gubbio hat dadurch ihre Einnahmen beträchtlich gesteigert und die Kommune die Drehorte der Serie sogar auf ihrer Website zusammengestellt. Set-Touristen erleben aber stets eine große Überraschung: Don Matteos Pfarrkirche San Giovanni hat zwei Gesichter. Von außen erkennen die Fans den markanten gotischen Kirchenbau mit dem romanischen Turm sofort. Treten sie aber ein, staunen sie nicht schlecht, denn das echte Innere der Kirche ist in der Serie nicht zu sehen. Der Drehort für die Innenaufnahmen des Film-Gotteshauses ist die kleine Kirche des Klosters San Marziale im selben Ort. Die Fassade von San Marziale ist wenig markant und besteht aus einer schlichten Tür in einer Mauer, die Kirche San Giovanni ist dagegen von außen groß und repräsentativ. Vielen Fans fällt es erst beim Besuch in Gubbio auf, dass Fassade und Innenräume der TV-Kirche nicht zusammenpassen.

Jetzt bin ich Borusse

Als Terence Hill seinen Film *Mein Name ist Somebody* in Dortmund vorstellt, bekommt er ein nagelneues Borussia-Auswärtstrikot geschenkt. Mit der Nummer 9 und seinem Namen darauf. Der BVB stellt ein Bild auf Facebook und twittert darüber, wie Terence es in die Kamera hält. Terence Hills Account twittert zugleich: »Jetzt bin ich offiziell Borusse!! Danke BVB.« Ein italienischer Twitter-Account greift das Foto auf und kommentiert, dass Terence Hill ohne echten Grund am Launch des neuen BVB-Auswärtstrikots teilgenommen hätte. Die italienischen Fans reagieren überrascht, erklären sich dann aber gegenseitig, dass Terence viel mit Deutschland verbindet und er und Bud dort beliebter seien als in Italien. Tatsächlich kommt Terence Hill am Abend der Filmpremiere mit einem BVB-Schal auf die Bühne, den ihm jemand vom BVB geschenkt hat. Am Mikrofon sagt Terence Hill bei der Premiere, er habe immer Borussia Dortmund geschaut. »Jetzt bin ich offiziell ein Fan von Borussia Dortmund.« Die italienischen Fans haben es ihm verziehen, denn Terence Hill ist seit Langem auch bekennender Fan von AS Rom.

Singt er jetzt auch noch?

Die Musiker der italienischen Band Oliver Onions der Brüder Guido und Maurizio de Angelis spielten die Soundtracks der meisten Spencer-Hill-Filme ein. Einige wurden internationale Hits, etwa »Flying through the Air« aus *Zwei Himmelhunde auf dem Weg zur Hölle*. Der Song hielt sich 1973 in Deutschland 31 Wochen lang in den Charts, befand sich zeitweise sogar auf Rang 4 der Liste. Die Band geht immer noch auf Tour und hatte auch andere internationale Charterfolge wie den Schlager »Santa Maria« (1980) oder den Filmhit »Orzowei« (1977). Die Fans kommen immer noch zu Konzerten, vor allem aber wegen der Spencer-Hill-Soundtracks. Bei einem Konzert 2019 in Budapest ist Terence Hill als Ehrengast angekündigt. Die Fans reisen von weit her an. Der Schauspieler singt nicht, ist aber beim Song »Dune Buggy« aus *Zwei wie Pech und Schwefel* mit auf der Bühne und schwingt ein wenig die Hüften mit den De-Angelis-Brüdern. Kurz zuvor ist der Film-Buggy versteigert worden und Hill übergibt an dem Abend den Scheck an ein Budapester Kinderkrankenhaus.

Eine kleben

Eine Briefmarke mit dem eigenen Porträt bekommt man zu Lebzeiten eigentlich nur, wenn man die Queen oder ein anderes gekröntes Haupt ist. Oder aber man ist Terence Hill. Zu Ehren seines 80. Geburtstags wurden sogar zehn unterschiedliche Briefmarken veröffentlicht. Die Deutsche Post AG gestaltete zusammen mit der *BILD*-Zeitung eine Fan-Edition mit ganz unterschiedlichen Porträts des Schauspielers. Auf allen Marken war der Schriftzug »Grazie, Terence Hill« zu lesen – Danke, Terence Hill. Die auf 10 000 Bögen limitierte Aktion im März 2019 lief so erfolgreich, dass die Marken schnell ausverkauft waren und schon bald bei eBay ersteigert werden konnten. Wer 2016 bei einer ähnlichen Aktion schon Bud-Spencer-Marken gekauft und noch nicht verwendet hat, kann sich jetzt freuen, denn er kann den beiden zwar keine kleben, aber beide zusammenkleben – auf einen dann ganz besonderen Brief. Andere Länder haben die beiden Helden schon früher auf Marken verewigt: Die Salomonen und Mozambik brachten nach Bud Spencers Tod Editionen mit dem Filmhelden heraus, Österreich legte eine Gedenkmarke mit Bud Spencers Porträt auf.

Gut unterwegs

Beim Giro d'Italia, Italiens bekanntesten Fahr-radrennen, gibt es 2019 einen besonderen Teil-nehmer: Don Matteo. Er hatte sich für die vierte Etappe in Frascati auf seinen geliebten Draht-esel geschwungen. Die Fans im Zielbereich staunen nicht schlecht, als sie einen Hochwür-den mit fliegender Soutane über die Ziellinie sausen sehen. Als sie dann merken, dass es der beliebte TV-Pfarrer ist, der da völlig außer Atem vom Rad springt und den Boden küsst, brandet Jubel auf. Im Ziel wird er dann auch gleich von zwei eifrigen Rai-Reportern inter-viewt. Ihnen erklärt Terence Hill – dann wieder als er selbst – dass er eine echte Leidenschaft für den Giro d'Italia hat und selbst viel für die steilen Anstiege trainiert, die Don Matteo in der Serie zu bewältigen hat. Für so viel Engage-ment gibt's von der Rennleitung zur Belohnung ein rosafarbenes Trikot.

Museum für einen Helden

Im sächsischen Lommatzsch eröffnet im Mai 2019 das erste Terence-Hill-Museum der Welt. Im Schützenhaus des Ortes gibt es schon seit Längerem eine Terence-Hill-Bar und im Heimatmuseum ist ihm ein eigener Raum gewidmet. Die schönsten Stücke daraus bildeten den Grundstock der Sammlung für das neue Museum, das dem Heimatmuseum in einem eigenen Gebäude angegliedert ist. Am Eröffnungstag kamen 600 Fans in den kleinen sächsischen Ort, als Ehrengast kam Terence Hills deutsche Synchronstimme Thomas Danneberg. Prachtstück der Ausstellung ist der Cowboyhut, den Terence Hill in *Die Troublemaker* getragen hat, inklusive Einschussloch und Originalunterschrift von Terence. Zahlreiche Fans haben Sammlerstücke für das Museum gespendet. Der Kultschauspieler kam zwar selbst nicht zur Eröffnung, weil er in Italien gerade neue Folgen *Don Matteo* drehte, schrieb aber auf seiner Facebook-Seite: »Ich bin sehr glücklich und erfreut.«

Nich' so laut!

Vier Fäuste für ein Halleluja klingt eigentlich ja schon ganz schön fromm. An den sogenannten stillen Feiertagen darf der Film aber nicht im Kino gezeigt werden. Die Freiwillige Selbstkontrolle der Filmwirtschaft (FSK) hat ihn als NF, »nicht feiertagsfrei«, eingestuft. Das bedeutet, dass die entsprechenden Filme weder im Kino noch anderswo öffentlich vorgeführt werden dürfen. Es ist einer von etwa 700 Filmen, die in diese Kategorie fallen. In ihr sind Filme versammelt, die »dem ernsten Charakter« dieser Feiertage widersprechen. Karfreitag ist so ein stiller Feiertag, ebenso Allerheiligen, der Volkstrauertag und der Totensonntag. In manchen Bundesländern gibt es sogar mehr solche stillen Tage. Auf dem Index stehen unter anderem Kampfsportfilme, Sexstreifen, Horrorschocker, aber auch Blödelfilme mit Louis de Funès oder Thomas Gottschalk. Wie Jackie Chan hat es auch Terence Hill gleich mit mehreren seiner Filme auf den Feiertagsindex geschafft, etwa auch mit *Vier Fäuste gegen Rio*. Ob die Mehrfachplatzierungen an der Gewalt liegen, am Klamauk oder beidem – die Liste verrät es nicht.

Zum Reinhauen

Für manches ist man ja nie zu alt. Süßigkeiten und Knabberzeug etwa gehen immer. So kann es auch im Alter von 80 Jahren ein Geschenk sein, eine eigene Kartoffelchips-Sorte gewidmet zu bekommen. Die Chio Chips Limited Edition »Terence Hill« schmecken nach »Spicy Chicken«, scharfem Hühnchen, und passen am besten zur Chipssorte »Bud Spencer« mit Bohnenaroma. Die Chips gibt es im Sommer 2019 in den Läden und sie schmecken natürlich nicht nur zu Terence-Hill-Filmen. Die Fans können sie sich auch bei Grillfesten oder bei Fußballspielen reinhauen und es dabei ordentlich knacken lassen. Schon bevor der erste Fan die Chips verknuspern konnte, hat es die Knabberei-Experten schier umgehauen vor Begeisterung: Die limitierten Chips wurden von der Fachzeitschrift *Rundschau für den Lebensmittelhandel* mit dem Preis »Sweetie 2019« ausgezeichnet, ein Branchenpreis für die innovativsten Süßwaren und salzigen Snacks.

Pazifist

Terence Hill hat als Kind im sächsischen Lommatzsch erlebt, wie Bomben auf das benachbarte Dresden fielen. Das Trauma hat ihn geprägt, bis ins Erwachsenenalter verfolgten ihn Albträume. All das ließ ihn zum Pazifisten werden. Terence Hill entschied sich bewusst gegen eine Hollywood-Karriere, weil er die Art der Gewalt in US-amerikanischen Actionfilmen nicht gut findet. In einem Interview zu *Mein Name ist Nobody* sagt er, die meisten dieser Filme würden behaupten, zeigen zu wollen, dass Gewalt etwas Schlechtes sei, indem sie noch mehr Gewalt erzeugten. Dieses Konzept will ihm nicht einleuchten, erklärt er weiter. Denn er glaube, dass ein Film die Zuschauer über deren Gefühle erreiche und nicht über den Kopf. Wenn man aus einem Film voller Gewalt komme, mache das etwas mit einem. Man gewöhne sich an die Gewalt – »Filme wirken auf das Unterbewusste ein«. In diesem friedfertigen Sinne greift Terence Hill auch in die Drehbücher von *Don Matteo* ein und fordert, dass es in der Serie ein Statement gegen Waffenhandel geben muss. Er habe sogar mit einem Rücktritt von der Rolle gedroht, um das Thema »Internationaler Waffenhandel« durchzusetzen, erzählte er bei *Markus Lanz*. Er wolle nicht, dass man mit Waffen, die schließlich Menschen töten könnten, Geld mache. Eine klare Aussage für alle, die eventuell noch Mühe haben sollten, diesen ganz besonderen Schauspieler einzuordnen, der in seinen Rollen einen unglaublichen Spagat zwischen dem liebevollen Raufbold und gewitzten Monsignore schafft.

Wer noch viel mehr, wenn nicht gar alles, über Terence Hill lesen will, findet das gesammelte Wissen unter:

Spencer-Hill-Datenbank:
https://spencerhilldb.de/

Fanseite:
https://www.spencer-hill.de/

Offizielle Website:
https://de.terencehill.com

Quellen

Amerikanischer Name mit einer Prise Sächsisch

Ich bin ein Sachse, *https://www.welt.de/newsticker/dpa_nt/ infoline_nt/boulevard_nt/article181248602/Terence-Hill-Ich-bin-ein-Sachse.html*

Terence Hill sorgte in all seinen Filmen für blaue Augen, Markus Lanz, ZDF, 22.08.2018, *https://www.youtube.com/ watch?v=_iBbuw_SjYY*

Terence Hill outet sich als Sachse – MDR/dpa, 21.08.2019, *https://www.mdr.de/sachsen/dresden/dresden-radebeul/teren-ce-hill-am-elbufer-100.html*

Lust auf Schule

Mario Girotti – der Stolz der Prärie, Bravo, 1964

Mario, parlo Italiano?

Die Terence Hill Story (Dokumentarfilm), Kabel 1, 2019

Terence Hill wird 80 – Glaube ist »kostbare Sache«, *https:// www.die-tagespost.de/feuilleton/online/Terence-Hill-wird-80-Glaube-ist-kostbare-Sache;art4690,196935*

Lüdeke, Ulf (2012): *Terence Hill*. riva, München

Die erste Filmprügelei und eine folgenreiche Begegnung

1952 Vacanze col Gangster Terence Hill = Mario Girotti, *https:// www.youtube.com/watch?v=HRFbL2jPCr8*

Vacanze col Gangster (1952), *https://www.imdb.com/title/ tt0044176/?ref_=fn_al_tt_2*

Bewunderung am Beckenrand

Wer einen Freund findet, der findet einen Schatz, *https:// de.budspencerofficial.com/index.php?sel=budTerence*

Sie nannten ihn Spencer (Film von Karl-Martin Pold), 2017

Q&A – questions from fans, *https://en.terencehill.com/index. php?sel=thisandthat&sub=qa*

Spencer, Bud (2011): *Mein Leben, meine Filme – die Autobiografie.* Schwarzkopf & Schwarzkopf, Berlin

Aneinander vorbeigedreht

Hannibal – Trivia, *https://www.imdb.com/title/tt0053891/trivia?ref_=tt_trv_trv*

Q&A – questions from fans, *https://en.terencehill.com/index. php?sel=thisandthat&sub=qa*

Spencer, Bud (2011): *Mein Leben, meine Filme – die Autobiografie.* Schwarzkopf & Schwarzkopf, Berlin

Ausgerutscht

Das wird aus dem geschlossenen Terence-Hill-Bad, 20.05.2017, *https://www.tag24.de/nachrichten/terence-hill-bad-lommatzsch-geschlossen-neueroeffnung-ideen-stadtrat-sinneswandel-garten-256145*

Ist das Terence-Hill-Bad noch zu retten? (von Andre Schramm), 19.03.2013, *www.wochenkurier.info/sachsen/bautzen/artikel/ lommatzsch-ist-das-terence-hill-bad-noch-zu-retten-9296/*

Lampenfieber

Die Terence Hill Story (Dokumentarfilm), Kabel 1, 2019

Lüdeke, Ulf (2012): *Terence Hill.* riva, München

Der heraufschauende Himmelhund

Terence Hill, der Yoga-Guru, *https://www.budterence.de/terence-hill-der-yoga-guru/*

Lüdeke, Ulf (2012): *Terence Hill*. riva, München

Auf der Alm, da gibt's koa Sünd …

Lüdeke, Ulf (2012): *Terence Hill*. riva, München

Ruf der Wälder (1965), *https://de.wikipedia.org/wiki/Ruf_der_W%C3%A4lder*

Tapferer Ritter

Lüdeke, Ulf (2012): *Terence Hill*. riva, München

Terence Hill scalciatio dal cavallo, 06.08.2014, *https://ricerca.repubblica.it/repubblica/archivio/repubblica/2014/08/06/terence-hill-scalciato-dal-cavallo40.html?ref=search*

Knallbonbon

Bravo Jahresrückblick 1966, Bravo 35/1965, Bravo 43/1966

Der Blauäugige mit dem schwarzen Hut

Intervista a Terence Hill (von Federica), Interview mit Terence Hill, 15.06.2020, *http://www.terencehill.it/news_intervistaperugia.html*

Zwei sind nicht zu bremsen – bleiben aber gern unerkannt

Terence Hill erklärt, wie man kein Nobody bleibt (von André Wesche), 25.08.2018, *https://www.augsburger-allgemeine.de/kultur/Journal/Terence-Hill-erklaert-wie-man-kein-Nobody-bleibt-id51997111.html*

Lüdeke, Ulf (2012): *Terence Hill*. riva, München

Zieh deine Hose aus

Terence Hill in Budapest, Hungary, 22.09.2018, *https://www. youtube.com/watch?v=S-2WGZCoTm0*

Terence Hill sorgte in all seinen Filmen für blaue Augen, Markus Lanz, ZDF, 22.08.2018, *https://www.youtube.com/ watch?v=_iBbuw_SjYY*

Eine wunderbare Freundschaft beginnt

Wer einen Freund findet, der findet einen Schatz, *https:// de.budspenceroffical.com/index.php?sel=budTerence*

Terence Hill und sein erstes Treffen mit Bud Spencer, 02.09.2018, *https://www.youtube.com/watch?v=qZmrjz8_jZc*

Mein Name ist Terence Hill

Lüdeke, Ulf (2012): *Terence Hill.* riva, München

Terence Hill sorgte in all seinen Filmen für blaue Augen, Markus Lanz, ZDF, 22.08.2018, *https://www.youtube.com/ watch?v=_iBbuw_SjYY*

Rauchvergiftung

Lüdeke, Ulf (2012): *Terence Hill.* riva, München

Dahoam is dahoam

Lüdeke, Ulf (2012): *Terence Hill.* riva, München

Na denn Prost

Peroni – Archivio Storico, *http://archiviostorico.birraperoni. it/peroni-web/audiovisivi/detail/IT-PERONI-AV0001-000059/ peroni-inseguimento-autobus.html?currentNumber=10&serie-Name=ALL&startPage=0*

Gegensätze ziehen sich an

Spencer, Bud (2011): *Mein Leben, meine Filme – die Autobiografie.* Schwarzkopf & Schwarzkopf, Berlin

Komm raus, dir hau ich die Raupen aus der Nuss!

Was ihn immer an Terence Hill störte (von Sven Kuschel), 12.04.2019, *https://www.bild.de/unterhaltung/leute/leute/terence-hill-das-denkt-ex-filmwidersacher-riccardo-pizzuti-ueber-ihn-61196058.bild.html*

Leidenschaft mit Handbremse

Lüdeke, Ulf (2012): *Terence Hill.* riva, München

In bester Gesellschaft

Die Terence Hill Story (Dokumentarfilm), Kabel 1, 2019

Whiskey und Bohnen – alles nur Show?

Q&A – questions from fans, *https://en.terencehill.com/index.php?sel=thisandthat&sub=qa*

Die Terence Hill Story (Dokumentarfilm), Kabel 1, 2019

Autsch – ganz ohne Kratzer geht es dann doch nicht

Terence Hill erklärt, wie man kein Nobody bleibt, 25.08.2018, *https://www.augsburger-allgemeine.de/kultur/Journal/Terence-Hill-erklaert-wie-man-kein-Nobody-bleibt-id51997111.html*

Spencer, Bud (2016): *Was ich euch noch sagen wollte …* Schwarzkopf & Schwarzkopf, Berlin

Nur auf seine Art

Lüdeke, Ulf (2012): *Terence Hill.* riva, München

Gagliani Caputo, Marcello (2015–2017): *Guida al Cinema di Bud Spencer & Terence Hill,* ohne Ort, ohne Verlag, Italien

Doppelter Hufschlag und Schulterschluss

TV-Auftritt: Auf Los geht's los, 13.05.1984, *https://spencer-hilldb.de/auftritte.php?auftritt=6*

Auf los geht's los: Bud Spencer und Terence Hill tragen Joachim Fuchsberger, 20.10.1984, *https://www.alamy.com/auf-los-gehts-los-bud-spencer-und-terence-hill-tragen-joachim-fuchsberger-moderator-der-ard-fernsehshow-auf-los-gehts-los-1980er-hinten-links-der-sterreichische-snger-falco-30769-ber-schrift-auf-los-gehts-los-image238126472.html*

Apfelsaft gibt Pokerkraft und macht manchmal schwach

Sie nannten ihn Spencer (Film von Karl-Martin Pold), 2017

Terence Hill und seine Äpfel, *https://www.budterence.de/teren-ce-hill-und-seine-aepfel/*

Terence Hill on german TV show Am laufenden Band 1977, *https://www.youtube.com/watch?v=uAA61NMdRq4*

TV-Auftritt: Am laufenden Band, 17.09.1977, *https://spencer-hilldb.de/auftritte.php?auftritt=1*

Wenn's was zu Fressen gibt, lacht das Herz

Sie nannten ihn Spencer (Film von Karl-Martin Pold), 2017

Das Krokodil und sein Nilpferd, Fress-Szene, *https://www.youtube.com/watch?v=mjKUMuSR2OU*

Q&A – Fragen von Fans, *https://de.terencehill.com/index.php?sel=thisandthat&sub=qa*

Spencer, Bud (2016): *Was ich euch noch sagen wollte …* Schwarzkopf & Schwarzkopf, Berlin

Persönliche Angelegenheit

TV-Auftritt: Die Drehscheibe, ZDF, *https://spencerhilldb.de/auf-tritte.php?auftritt=34*

Passionsspiele Oberammergau: Historie, 24.09.1980, *https://www.passionsspiele-oberammergau.de/de/spiel/historie/2*

Anche l'allenatore del Toro Ventura (von Maria Teresa Martinengno), 27.04.2015, *https://www.lastampa.it/torino/2015/04/27/news/anche-l-allenatore-del-toro-ventura-1.35277019*

Sankt Martini, sponsere uns! (von Alexander Smoltczyk), 26.11.2009, *https://www.spiegel.de/panorama/gesellschaft/uups-et-orbi-sankt-martini-sponsore-uns-a-663682.html*

Fußballgott

Terence Hill: 80 anni con la Roma nel cuore, 29.03.2019, *https://www.corrieredellosport.it/news/calcio/serie-a/roma/2019/03/29-55098759/terence_hill_80_anni_con_la_roma_nel_cuore/*

Keiner haut wie Don Camillo, *https://de.wikipedia.org/wiki/Keiner_haut_wie_Don_Camillo*

Löwenstark

Lucky Luke – Trivia, *https://www.imdb.com/title/tt0102351/trivia?ref_=tt_trv_trv*

Q&A – questions from fans, *https://en.terencehill.com/index.php?sel=thisandthat&sub=qa*

Wettschulden sind Ehrenschulden

Bud Spencer und Terence Hill bei Wetten dass..?, 18.03.1995, *https://www.youtube.com/watch?v=vHIoT_6A7Cc*

Lüdeke, Ulf (2012): *Terence Hill.* riva, München

Die Prügelknaben der Nation

Bud Spencer & Terence Hill bei Wetten dass..?, 1995 Part 2/3, 18.03.1995, *https://www.youtube.com/watch?v=GPK0VpvcOi8*

Bud Spencer & Terence Hill bei Wetten dass..?, 1995 Part 3/3, 18.03.1995, *https://www.youtube.com/watch?v=zB1-hbGQvNc*

Wetten, dass..? – TV-Auftritt, 18.03.1995, *https://spencerhilldb. de/auftritte.php?auftritt=8*

Buongiorno, Ragazzi

Don Matteo – Trivia, *https://www.imdb.com/title/tt0178132/ trivia?ref_=tt_trv_trv*

Lüdeke, Ulf (2012): *Terence Hill*. riva, München

Keiner haut wie Don Matteo

Don Camillo und Peppone, *https://de.wikipedia.org/wiki/ Don_Camillo_und_Peppone*

Don Matteo, *https://www.raiplay.it/programmi/donmatteo/*

Don Matteo (2000), *https://www.imdb.com/title/ tt0178132/?ref_=nv_sr_1?ref_=nv_sr_1*

Keiner haut wie Don Camillo (1984), *https://www.imdb.com/ title/tt0085454/?ref_=nv_sr_1?ref_=nv_sr_1*

Leibspeisen, die verbinden

Q&A – questions from fans, *https://en.terencehill.com/index. php?sel=thisandthat&sub=qa*

Bud Spencer 2011 in Berlin – »Mit Terence Hill esse ich Spaghetti« / Retro, 22.06.2017, *https://www.youtube.com/ watch?v=A39HWm5ElGo*

Spaghetti alla Bud Spencer – Neapolitana, *https://www.budte- rence.de/spaghetti-alla-bud-spencer-neapolitana/*

Spencer, Bud (2014): *Mangio ergo sum. Ich esse also bin ich.* Schwarzkopf & Schwarzkopf, Berlin

Gagliani Caputo, Marcello (2015–2017): *Guida al Cinema di Bud Spencer & Terence Hill.* ohne Ort, ohne Verlag, Italien

Terence Hill sorgte in all seinen Filmen für blaue Augen, Markus Lanz, ZDF, 22.08.2018, *https://www.youtube.com/ watch?v=_iBbuw_SjYY*

Flying Through The Air

Spencer Hill Magic Band, *https://www.facebook.com/pg/spencerhillmagicbandpage*

Bud Spencer Heart Chor, *http://www.budspenzerheartchor.de/*

Ein Hügel für den Hill

Nun soll der Feldberg nach Terence Hill benannt werden (von Julia Barnerssoi), 29.07.2011, *https://www.augsburger-allgemeine.de/panorama/Nun-soll-der-Feldberg-nach-Terence-Hill-benannt-werden-id16115391.html*

Macht Facebook Feldberg zu Terence Hill?, 29.07.2011, *https://meedia.de/2011/07/29/macht-facebook-feldberg-zu-terence-hill/*

Elnevezték a dombot a Bud Spencer parkban, könnyü kitalálni, hogy kiröl, 20.09.2018, *https://hvg.hu/elet/20180920_Elnaveztek_a_dombot_a_Bud_Spencer_parkban_konnyu_kitalalni_hogy_kirol*

Seinen Segen haben sie

Fazio-Littizzetto nozze San Remo con Don Matteo, 22.02.2014, *https://www.lastampa.it/spettacoli/musica/2014/02/22/fotogalleria/fazio-littizzetto-nozze-a-sanremo-con-don-matteo-1.35927935*

Sanremo, ultima serata. Il fotoracconto: da don Matteo alla star Arisa, 22.02.2014, *http://www.repubblica.it/speciali/sanremo/edizione2014/2014/02/22/foto/ultima_serata_il_fotoracconto_-79374717/1/?ref=search#1*

Don Matteo sposa Fabio e Luciana, »finché Sanremo nin vi separi«, 22.02.2014, *http://www.repubblica.it/speciali/sanremo/edizione2014/2014/02/22/foto/sanremo_-79376983/1/?ref=search#1*

Bärenstarke Typen

Die Bergpolizei: Leichte Beute, *https://www.br.de/presse/inhalt/pressedossiers/bergpolizei/bergpolizei-ganz-nah-am-himmel-terence-hill-folge-13-2017-100.html*

Diese Alfelder drehen mit Terence Hill, 19.07.2018, *https://www.hildesheimer-allgemeine.de/news/article/diese-alfelder-drehen-mit-terence-hill.html*

Alfelder TV-Teddy dreht mit Terence Hill (von Angelika Zahorka), 17.10.2012, *https://www.bild.de/regional/hannover/tv-teddy-dreht-mit-terence-hill-26738000.bild.html*

Frame das Filmmagazin – Drehort Südtirol (Mediathek Rai Südtirol), *http://www.raibz.rai.it/de/index.php?media=Ptv1428609600*

Zwei wie Pech und Schwefel

Lüdeke, Ulf (2012): *Terence Hill.* riva, München

Spencer, Bud (2011): *Mein Leben, meine Filme – die Autobiografie.* Schwarzkopf & Schwarzkopf, Berlin

Spencer, Bud (2016): *Was ich euch noch sagen wollte …* Schwarzkopf & Schwarzkopf, Berlin

Grünes Gewissen

Terence Hill per #wakeupRoma, *https://www.youtube.com/watch?v=PIdUxl_r-c8*

Fanpower

Con schiaffi e fagioli faccio rivivere Bud Spencer e Terence Hill (von Samuel Moretti), 08.10.2017, *https://www.lastampa.it/vercelli/2017/10/08/news/con-schiaffi-e-fagioli-faccio-rivivere-bud-spencer-e-terence-hill-1.34399317*

Slaps and Beans: Bud Spencer und Terence Hill erhalten eigenen Brawler (von Marco Schnabel), 28.10.2016, *https://www.*

giga.de/unternehmen/kickstarter/news/slaps-and-beans-bud-spencer-und-terence-hill-erhalten-eigenen-brawler/

Futtern wie die Firpos

Firpo Burger, *https://www.facebook.com/pg/FirpoBurgerBp/about/?ref=page_internal*

Bud Spencer & Terence Hill: Slaps and Beans, *https://www.slapsandbeans.com/*
https://firpoburger.hu/

Hedon Brewing Co., *http://www.hedon.hu/beer/start*

Online

Instagram: Terence Hill Official, *https://www.instagram.com/terencehillofficial/*

Charmebolzen

Carabinieri in Televisione: Terence Hill (von Renato Minore), *https://www.carabinieri.it/arma/curiosita/carabinieri/in-televisione/interviste/terence-hill*

Geistlicher Rat für Don Matteo

Lüdeke, Ulf (2012): *Terence Hill.* riva, München

Immer nur Pistazie

Gelateria Girotti, *http://www.gelateriagirotti.com/*

Instagram: Terence Hill Official, *https://www.instagram.com/terencehillofficial/*

Vier Kugeln für ein Halleluja (von Ulrike Sauer), *https://www.sueddeutsche.de/wirtschaft/bei-uns-in-amelia-vier-kugeln-fuer-ein-halleluja-1.3453782*

Gelateria Girotti, 06.04.2017, *https://www.facebook.com/GelateriaGirotti/?tn-str=k*F*

Mein Name ist Terence

Amazon.it: Terence Hill, *https://www.facebook.com/watch/?v=344065779512061*

Außen hui, innen ui

Chiesa di S. Giovanni, *http://www.comune.gubbio.pg.it/turismo/chiesa-di-s-giovanni*

Gubbio nel luoghi di Don Matteo, *http://www.comune.gubbio.pg.it/pagine/gubbio-nei-luoghi-di-don-matteo*

Trip Advisor: Chiesa San Marziale Gubbio, *https://www.tripadvisor.de/Attraction_Review-g187906-d7939947-Reviews-Chiesa_San_Marziale-Gubbio_Province_of_Perugia_Umbria.html*

Jetzt bin ich Borusse

Borussia Dortmund, 23.08.2018, *https://www.facebook.com/BVB/photos/p.2583502068328424/2583502068328424/?type=1&theater*

Twitter – @alecsvilla, *https://twitter.com/alecsvilla/status/1032954020124606464?lang=de*

Singt er jetzt auch noch?

Oliver Onions geben Konzert in Budapest, 08.02.2019, *https://spencerhilldb.de/news.php?news=1549611578*

Terence Hill Turns Heads With His Red Buggy In Budapest For A Great Cause (von Kata Fári), 18.01.2019, *https://welovebudapest.com/en/2019/01/18/video-terence-hill-turns-heads-with-his-red-buggy-in-budapest-for-a-great-cause/*

Guido & Maurizio de Angelis, *https://de.wikipedia.org/wiki/Guido_%26_Maurizio_De_Angelis*

Eine kleben

Die letzten Terence-Hill-Marken (von Sven Kuschel), 27.04.2019, *https://www.bild.de/bild-plus/unterhaltung/*

leute/leute/terence-hill-hier-gibt-es-exklusiv-die-brief-marken-60898694,jsRedirectFrom=conversionToLogin,view=conversionToLogin.bild.html?extPu=gaw-bildplus-search&extProvId=5&extCr=71356585147-340502508677&extSi=&extTg=&extLi=601077264&keyword=terence%20hill&extAP=1t1&extMT=b&et_sea=1&wtrid=sea.bildplus.601077264.340502508677.terence%20hill.&gclid=EAIaIQobChMIjorWr5fP4QIVEJIYCh2zXwWaEAAYASAAEgKF8PD_BwE

https://www.vaccarinews.it/index.php?_id=22187

Gut unterwegs

Don Matteo – Videos, RAI, *https://www.facebook.com/DonMatteoRai/videos/321604055436291/*

https://www.facebook.com/DonMatteoRai/videos/682247775527992/

Sporpresa al Giro d'Italia, il primo a tagliare il traguardo é Don Matteo, 14.05.2019, *https://www.lastampa.it/2019/05/14/spettacoli/sorpresa-al-giro-ditalia-il-primo-a-tagliare-il-traguardo-don-matteo-cml1AZ15IRWiZjfsBuZMMI/pagina.html*

Museum für einen Helden

Terence Hill Museum, *https://www.terencehill-museum.de/Startseite*

Museum für Kult-Schauspieler Terence Hill in Lommatzsch eröffnet, 11.05.2019, *https://www.mdr.de/sachsen/dresden/meissen/terence-hill-museum-lommatzsch-106.html*

Nich' so laut!

Freigabe von Kinofilmen für die gesetzlich geschützten Stillen Feiertage, 22.01.2019, *https://www.spio-fsk.de/?seitid=2828&tid=188*

FSK-Freigaben Kino-Spielfilme, nicht feiertagsfrei, 1980–2015, *www.spio-fsk.de/media_Content/3224.pdf*

Zum Reinhauen

Sweetie: Rundschau prämiert die Top-Süßwaren und Top-Snacks (von Dominique Snjka), 04.04.2019, *https://www.rund-schau.de/artikel/sweetie-rundschau-praemiert-die-top-suess-waren-und-top-snacks-2019/*

Intersnack Produkt-Highlights zur ISM 2019, *https://www.intersnack.de/ueber-uns/news/detail/?tx_ttnews%5Btt_news%5D=238&cHash=f74377ee93029fa1d117ee61e7fbf358*

Pazifist

Terence Hill sorgte in all seinen Filmen für blaue Augen, Markus Lanz, ZDF, 22.08.2018, *https://www.youtube.com/watch?v=_iBbuw_SjYY*

Terence Hill on »They Call Me Trinity«, *https://www.youtube.com/watch?v=LlxQaS_z1bc&list=PLas9W2NUDZPXuGR9l-WaZ68pTNA7vuSKNt*